LES AMIS RETROUVÉS

LES AMIS RETROUVÉS

Paul Zeitoun

ISBN : 978-2-9565569-1-6

Imprimé par Amazon KDP

12,45 €

Dépôt Légal juin 2022

Photographie de couverture : classe de seconde du lycée Carnot de Tunis, 1949, autour du professeur de français.

Ménagez les vieux, ils sont pour la plupart orphelins.

Anonyme

Jeune, je ne pensais pas vivre assez longtemps pour devenir vieux. Dès l'enfance, j'étais résigné à mourir bien avant cette échéance, à cause d'un souffle au cœur que le médecin de famille avait découvert en auscultant ma poitrine. C'était à la suite de douleurs dans les articulations que l'on nomme rhumatisme articulaire aigu.

Quatre-vingts ans ont passé pendant lesquels j'ai respecté la recommandation de ne pas faire beaucoup de sport ni même d'efforts physiques. Ma mère y veillait, dans ma jeunesse : le médecin m'interdisait, certificat à l'appui, les cours de gymnastique enseignés au lycée pendant les études secondaires. On m'a opéré à 80 ans pour remplacer la valve altérée de mon enfance par une prothèse biologique. La chirurgie a rendu un cœur sans défaut à ma vie de retraité.

Je me suis résigné à la catastrophe prévisible : je vais continuer à vieillir et retarder le pronostic qui s'attache tout simplement à mon âge. Je suis donc dans l'attente des injures que le temps fera à ce qu'il reste de ma santé.

En conséquence, je me suis attendu, dès l'enfance, à une mort précoce qui me priverait de ma famille et de mes amis. Au contraire, mes amis sont nombreux à m'avoir quitté, ceux de mon temps, ceux qui sont partis sans connaître la lente évolution d'un monde plus égoïste, la langue française polluée par un nouvel argot devenu courant chez les personnes instruites, la liberté des mœurs devenue banale et même affichée, et l'influence grandissante des coutumes de nos concitoyens issus de l'immigration. J'ai perdu mes amis, ceux de mon temps qui parlaient et écrivaient comme moi, ceux qui partageaient mes goûts et ma culture.

Le mot « amis » répond à des sens divers. Je n'appellerai, bien sûr, pas « amis » ceux qui résultent de rencontres sans lendemain, ni les auteurs d'échanges sur des réseaux sociaux qui me « likent » au bout d'une minute, m'insultent sans que je les comprenne ou m'approuvent sans que je sache de quoi. Mes amis ont été ceux avec qui je me sentais mieux que seul ou entouré de bavards. L'amitié est faite de sentiments difficiles à définir : on se voit souvent, on aime se voir, on aime se parler, on rit des mêmes tournures du langage ou à l'évocation de situations ou d'histoires passées. On se reconnaît avec plaisir dès qu'on se rencontre. J'en ai pris conscience sans doute parce que ces amis-là sont morts et que je ressens le vide qu'ils m'ont laissé.

J'ai cherché une façon plus simple et concrète de définir ces amis-là morts avant moi. J'ai fini par attribuer ce terme à ceux à qui j'avais la possibilité de téléphoner sans me faire annoncer, certain d'être accueilli avec plaisir. Cette définition explique à quel point mes amis décédés me manquent quand je les retrouve dans mes souvenirs, sans pouvoir les avoir au téléphone. En la présence de chacun d'eux, je me sentais bien, même lorsque nous n'avions pas grand-chose à nous dire, ou lorsque nous échangions quelques réminiscences de faits ou d'un langage qui avaient gardé leur verdeur, celle de la jeunesse.

Certains ont été des amis d'enfance, revus à l'âge adulte et même, pour l'un d'entre eux, dans la joie, peu de temps avant son décès. J'en ai compté trente-sept, après exclusion des membres de ma famille. Je me suis aperçu que je pouvais leur attribuer la plupart des définitions que j'ai trouvées dans la littérature.

Par exemple : « Un ami, c'est une personne qui reste dans ta vie malgré la distance et les années. À qui tu peux téléphoner sans craindre de rencontrer une attitude indifférente. » Cette définition convient tout à fait aux amis que j'ai eus, aux distances et aux années qui ont séparé nos rencontres.

Mes récits et commentaires vont parfois jusqu'à dévoiler une part de leur intimité et de la mienne, aussi ai-je modifié leur nom. Si le lecteur a connu le personnage, il pourra se passer du véritable prénom pour le retrouver. S'il l'ignore, le nom lui importe peu.

En rédigeant notre histoire, je me suis rendu compte que la notoriété de certains amis ou la singularité de leurs parcours les désignait à tous, même si j'ai remplacé leurs noms par des pseudonymes. Ils sont quelques-uns à avoir été exclus pour ce motif. J'ai aussi proscrit mes amis actuels, simplement par respect de leurs faits et gestes. Je n'ai pas non plus raconté d'anecdotes se rapportant à ceux avec qui j'ai un lien de parenté.

1 – Léo G.

Léo G. avait tenu dans les années cinquante les fonctions d'interne, le même semestre que moi, à la fin des années cinquante, dans le service du Professeur Sallet, à l'hôpital Saint-Louis de Paris. Garçon discret et timide, il n'ajoutait pas sa voix à celles des grandes gueules de la salle de garde, qui en était largement pourvue, pendant le semestre où nous en étions familiers. Il accomplissait avec rigueur et dévouement son métier : l'interne, recruté sur concours, est le médecin le plus proche du malade hospitalisé dont il est responsable plus que tout autre. Je l'avais déjà rencontré à l'occasion de quelques invitations chez lui, mais je ne le connaissais pas vraiment. Il était le mari de Jacqueline, amie la plus proche de ma femme Nicole. Elles avaient préparé ensemble le bac puis l'externat des hôpitaux, premier échelon de la fonction médicale hospitalière. Nicole a été nommée au premier concours, pas Jacqueline, ce qui pourrait avoir des conséquences que j'évoquerai plus loin.

Notre coopération à l'hôpital, Léo et moi, s'était faite avec la plus franche cordialité. Le service était composé de deux salles de trente lits, chacun de nous étant responsable de l'une d'elles. Les malades étaient couchés à quelques mètres l'un de l'autre dans deux grandes salles dont les infirmières occupaient un comptoir central où elles préparaient les traitements. Ces dispositions n'existent plus ; elles ont fait place à des chambres individuelles ou à deux lits. De plus, chaque salle disposait de deux chambres d'un ou deux lits. Notre patron faisait la visite avec l'interne et l'assistant – c'est-à-dire qu'il voyait chacun des malades –, entouré des externes et des stagiaires, deux fois par semaine. Nous nous concertions, Léo et moi, lorsqu'un malade nous posait des problèmes de diagnostic ou de traitement. Léo était très savant, sérieux et toujours disponible. Son père était – je crois – assez riche, car il lui avait apporté et offert une auto neuve, un soir où nous déjeunions chez nos amis. Mes parents n'étaient pas assez fortunés pour me faire un tel cadeau.

Nous avons passé, avec Jacqueline et lui, nos vacances d'été à Kervalet deux années de suite. C'était un joli hameau typiquement breton, proche de Bourg-de-Batz – devenu Batz-sur-Mer – et de La Baule. Nous nous y étions retrouvés avec nos deux enfants qui faisaient bon ménage avec les deux enfants de nos amis. De plus, ils avaient acheté un dériveur qu'ils avaient garé à La Baule. Selon leur récit, quand Léo et Jacqueline s'étaient décidés pour le voilier qu'ils avaient acquis, le vendeur avait posé l'accastillage près du bateau et leur avait dit sans détour :

— Gréez-le.

Ils s'étaient regardés, interloqués : ni l'un ni l'autre ne comprenait ce langage. C'était le début de leur initiation à la voile.

J'ai gardé un très bon souvenir de nos relations avec eux pendant ce mois d'août. Nous avons fait de belles promenades en voilier, pris de nombreux bains de mer et nous avons apprécié le soleil quand il se glissait entre les nuages de Bretagne.

Nos autres promenades se faisaient à pied avec les enfants au milieu des marais salants où il y avait toujours des paludiers qui grattaient la fleur de sel à la surface des cristallisoirs et en amoncelaient de grands tas entre les bassins.

Léo avait apporté un petit moteur à essence qu'il comptait monter sur un avion que je n'ai jamais vu. Il en était aux prémices, qui consistaient à essayer de mettre en marche le moteur. Nous avons lancé l'hélice sans doute une centaine de fois, pendant plusieurs après-midi : le moteur n'a fait qu'une fois quelques tours bruyants, puis il n'est plus reparti. Léo l'a finalement rangé et nous avons eu la sagesse de ne plus nous en occuper, pendant ces vacances.

Plus tard, Jacqueline a eu une fille dont Nicole a été la marraine. Malgré cela, nos cours de vie ont un peu changé et nous n'avons plus eu beaucoup d'occasions de nous revoir. J'ai rencontré plusieurs fois Léo en salle de garde à l'hôpital Bichat – anciens internes nous étions, nommés « fossiles » – et nous avons chaque fois sincèrement sympathisé.

Quelques années plus tard, nous avons appris par des amis communs que le couple s'était séparé, que Jacqueline s'était remariée avec un amant que nous ignorions, plus âgé qu'elle. Léo a ensuite convolé à de nouvelles noces avec une voisine de mes beaux-parents à Bourg-la-Reine, mon unique source d'information. Je me demande aujourd'hui pourquoi je n'ai pas invité Léo à dîner à la maison avec sa nouvelle femme.

Jacqueline avait laissé Nicole dans l'ignorance de sa vie après la communion de sa fille à laquelle nous avions été invités.

De mon côté, j'avais appris par des amis communs que Léo avait obtenu la chefferie du service de médecine de l'hôpital d'Orsay. Ma sœur habitant la banlieue sud de Paris et se plaignant de troubles digestifs, je la lui avais tout naturellement adressée en consultation. J'ai eu la calamiteuse surprise d'apprendre par elle, au téléphone, le décès récent de mon ami. J'ignore de quoi ni comment : il n'avait pas 50 ans. Je n'avais connu ni sa deuxième femme ni le deuxième époux de Jacqueline. Notre ignorance de la mort de Léo m'a procuré une déception et une peine qui ne se sont jamais atténuées.

Nous avons essayé de comprendre ce qui les avait éloignés de nous. Ma femme avait invité Jacqueline, son amie, et son nouveau mari à notre maison de campagne située entre Reims et Paris. Sans suite. Nous n'avons trouvé comme explication à notre discrédit qu'une misérable jalousie de Jacqueline à l'égard de Nicole, qui avait réussi à son premier concours de l'externat, alors qu'elle, ayant échoué, s'était contentée de faire une spécialité. Mais je ne peux rien affirmer ; c'est là le mystère des sentiments que nos amis et nos proches peuvent enfouir pour longtemps. À présent, j'ai encore l'impression qu'ils nous ont effacés de leur vie, sans en connaître la raison.

Quand on est ensemble, la proximité chaleureuse des amis semble solide ; on ne s'attend jamais à perdre le lien. On ne s'est pas dit des mots qui fâchent, on a parfois même chanté ensemble : « Oui, nous nous reverrons, mes frères… ». Et ils se sont détachés comme les météorites encore en fusion quand ils quittent l'étoile dont ils partagent la substance. Et, sans comprendre, on les perd. On cherche en vain à interpréter le silence et nous ne trouvons personne pour nous dire ce qui les a définitivement éloignés.

2 – Roger D.

C'est une étrange histoire que le déroulement de l'amitié entre Roger et moi, je devrais écrire Roger et nous.

Nicole et moi avions fait la connaissance du personnage en camp de vacances, au Cap d'Ail, que nous devions à un organisme universitaire dont le nom m'échappe : c'étaient dans les années 1956-1957. Nous étions logés dans des bungalows d'une dizaine de personnes, équipés de lits superposés. Le bungalow de Roger était proche du mien. Le camp était établi à flanc de colline, au milieu d'arbres et de végétations diverses. L'objectif du stage était de nous enseigner la navigation à voile.

Nous recevions des cours théoriques par un moniteur et nous pratiquions la voile sur des Caravelles, dériveurs qui mouillaient à proximité, dans le port de Monaco. Nicole et moi avions fait le trajet depuis Paris dans ma 2 CV Citroën.

La première image que j'ai eue de Roger était celle d'un bonhomme un peu plus corpulent que moi, de ma taille, au visage très sérieux, qui brossait des chaussures noires cirées avec application, devant son bungalow entouré de broussailles. Je me demande aujourd'hui s'il allait à une réception dans un hôtel ou un palace.

À l'époque, j'avais pris le soin accordé à ses chaussures pour une manie de vieux garçon, ce qui était probablement le cas, aucune festivité n'étant annoncée.

Bref, Nicole et moi avons fait connaissance de ce personnage sérieux, mais souriant et toujours plein d'humour. Nous déjeunions souvent ensemble et nous avions pu apprécier l'étendue de sa culture, pas seulement dans les arts plastiques ; il accumulait des statues et des tableaux chez lui, à Paris. Je me souviens qu'il nous avait recommandé de lire *La faute de l'abbé Mouret* d'Émile Zola. Je l'ai lu quelques années plus tard et j'ai découvert la profusion et l'étendue du vocabulaire de l'auteur, que j'ai admirées aussi dans le roman *Au bonheur des dames*.

Nous nous sommes revus à Paris, où il habitait un logement composé de deux ou trois chambres de bonnes fusionnées, au sixième étage d'un bel immeuble haussmannien du quartier Montparnasse. Il était clerc de notaire et, bien sûr, c'est lui qui s'est occupé de notre contrat de mariage.

Nos liens se sont ensuite distendus et nous n'avons plus eu l'occasion de nous rencontrer, alors que nous habitions Paris.

Une dizaine d'années plus tard, alors que nous avions déménagé pour Reims, nous avons découvert dans un livre une carte postale rédigée à son intention. Nous l'avions écrite à Collioure, où nous nous trouvions en voyage de noces. Nous avions simplement oublié de timbrer et poster la carte. L'idée un peu farfelue nous a pris de la lui envoyer à l'adresse déjà rédigée, sans savoir s'il n'avait pas déménagé ni s'il se souviendrait de nous. Effectivement, nous avons reçu quelques jours plus tard un coup de téléphone amusé : Roger nous remerciait d'avoir pensé à lui pendant notre séjour à

Collioure et, de nouveau, une dizaine d'années plus tard, à Reims.

Nous avons repris nos relations avec notre clerc de notaire qui n'avait rien changé à sa vie. Toujours célibataire, il continuait à collectionner des tableaux et surtout des sculptures dans son appartement du dernier étage du même immeuble. Il venait d'acheter une statue de bronze de Paul Landowski qui le mettait dans une joie enfantine. On peut voir des exemplaires de ce sculpteur un peu partout dans le monde et à Paris, rue des Écoles, où il existe un Montaigne méditant face à la Sorbonne et, du même artiste, les fontaines de la place de la Porte de Saint-Cloud. Prudent et poli à l'égard de tout le monde, Roger n'exprimait pas son enthousiasme, mais je le sentais très fier de cette acquisition onéreuse. Elle lui procurait une satisfaction qui m'était étrangère.

Mon frère prétendait, sur la base de je ne sais quels indices, que Roger était homosexuel ; tout ce que je sais, c'est qu'il ne m'a jamais présenté de copine ni de fiancée et qu'il avait fait un séjour de six mois en Angleterre, où il avait exercé le métier de serveur de restaurant.

Je lui ai rendu visite souvent, malgré les pannes fréquentes de son ascenseur, et nous avons eu plusieurs occasions de partager notre déjeuner dans un restaurant de son quartier. Il m'a fait part de ses ennuis ophtalmologiques. Suivi dans sa jeunesse pour un glaucome par un spécialiste rassurant et ignorant, il avait complètement perdu la vision de l'œil gauche. Il devait s'astreindre à un traitement par collyres, plusieurs fois par jour, pour traiter l'œil droit.

Deux années plus tard, son ophtalmologiste ayant formulé un pronostic péjoratif concernant l'œil encore fonctionnel, il m'a demandé conseil pour l'aider à mettre fin à ses jours. Il ne pouvait pas imaginer sa vie, une fois devenu aveugle.

J'ai été surpris et navré qu'il en soit arrivé là, mais j'ai finalement compris son désespoir face à la perspective de perdre la vue et, du même coup, de ne plus contempler les œuvres d'art qui décoraient son appartement. Il avait essayé de s'étouffer avec un sac en plastique, mais il a reconnu n'avoir pas supporté la torture de l'étouffement. Il espérait de moi un médicament que j'ai été incapable de lui procurer. Je n'ai pas voulu rédiger l'ordonnance d'un somnifère à prendre tous les jours pendant un mois, avec le conseil d'avaler le contenu d'au moins un flacon en une fois. En fait, je crois qu'il m'était odieux d'être responsable de sa mort. En revanche, j'ai insisté pour qu'il consente à vivre avec un handicap auquel beaucoup de gens s'adaptaient. Je crois que je n'ai pas pris en compte à quel point sa vie avait été vouée à sa collection dont il disait qu'il passait certains soirs, seul, à la regarder en écoutant de la musique classique.

J'ai eu de ses nouvelles quelques semaines plus tard. Un de ses neveux m'a annoncé son décès. Je n'ai pas osé l'interroger sur un éventuel suicide.

J'ai beaucoup regretté de perdre ce précieux ami qui ne me ressemblait pas. Célibataire et très cultivé, il consacrait sans doute tous ses salaires à l'achat de peintures, de vitraux et de sculptures. Il lisait beaucoup, alors que je consacrais presque tout mon temps à l'exercice de mon métier de médecin. Je n'ai aucune photo de lui.

3 – Nina W.

Mes parents m'offraient un séjour en France pendant les vacances d'été, parce que la plage, villégiature des Tunisois, m'était interdite à cause du rhumatisme articulaire aigu dont j'avais souffert. On croyait à la nocivité de l'humidité, donc des bains de mer. En fait, à part les douleurs articulaires, les rhumatismes de l'enfance n'avaient rien à voir avec ceux des arthrites ou de l'arthrose qui affecte les adultes ou les personnes d'un âge plus avancé.

Je choisissais une région de France ; c'était toujours la Haute-Savoie. J'étais donc, à 18 ans, en pension à l'unique hôtel de Thorens, un village situé pas loin d'Annecy. J'y avais fait connaissance avec des pensionnaires plus âgés que moi, mais bien sympathiques.

La famille de Nina W. qui remontait en voiture vers Lille a un soir fait escale à mon hôtel. J'avais dîné seul à ma table, comme d'habitude. J'appréciais l'ambiance conviviale et chaleureuse qui régnait aux repas, parmi les pensionnaires, autant que la cuisine de très bonne qualité. On se parlait de table en table. Je n'avais pas remarqué la famille de Nina. Sans doute fatigués par le voyage, ils sont tous montés se coucher, sauf la fille d'à peu près mon âge, assez jolie et bien faite, qui traînait dans la salle à manger.

Je ne sais plus ce qu'elle m'a dit ni ce que j'ai répondu, mais nous nous sommes trouvés à promener nos 18 ans dans l'air frais de la nuit noire chargée des senteurs de la montagne. J'avais remarqué, ce soir-là, la beauté du ciel étoilé comme on n'en voit plus dans les villes. Elle était bavarde et m'a raconté les relations entre ses amis à Lille, qui m'ont paru autrement plus libres que celles des miens à Tunis. Très vite, nous étions dans les bras l'un de l'autre et ce fut mon premier flirt. La nuit et la campagne avaient embelli. Nous sommes ensuite rentrés chacun dans sa chambre, sans nous donner de rendez-vous : elle partait au petit matin et je ne pensais pas la revoir.

J'ai trouvé le lendemain, sur mon couvert du petit-déjeuner, une enveloppe rose au nom de « Monsieur Paul… », contenant une lettre de la même couleur où elle me disait qu'elle avait passé une agréable soirée et me donnait son adresse à Lille. La couleur rose de l'enveloppe a fait sourire les serveuses.

Rentré à Tunis, je lui ai écrit une petite lettre et j'en ai reçu plusieurs, toutes très longues, d'une belle écriture ronde. Elle me racontait sa fréquentation des concerts et les disques de jazz qu'elle achetait – je ne me souviens que de Gene Krupa – et surtout les aventures amoureuses de ses amis et de ses nombreux cousins, à Lille et dans d'autres grandes villes. Je ne me souviens plus des propos ni des détails de ma vie qu'à mon tour je lui ai confiés. Mais je n'ai pas oublié à quel point j'étais surpris et admiratif, encore une fois, de la liberté amoureuse des Lillois, comparée à la pudeur de nos relations entre garçons et filles, à Tunis. Nous formions, cependant, des groupes prêts à se retrouver dans des « surprises-parties » au cours desquelles nous dansions pendant des après-midi entières. Assez discrète, Nina ne m'indiquait pas jusqu'à quels rapports physiques allaient les relations sentimentales entre ses amis.

Je vivais à Paris, au début de mes études de médecine, Nina est venue me voir. Elle avait aussi des tantes qui habitaient la capitale, avec qui nous sommes allés une fois au théâtre. Nous avons passé plusieurs soirées dans des cabarets qui nous consentaient de sérieux rabais. J'ai compris plus tard que notre jeunesse, en début de soirée, attirait les spectateurs qui hésitaient à entrer. Nous avons ainsi vu plusieurs artistes qui allaient devenir des vedettes, comme Gilbert Bécaud et bien d'autres.

Elle était gaie, enjouée de tout, à Paris, et intarissable sur les histoires amoureuses de ses amies. Cette fréquentation s'est déroulée pendant plusieurs années, jusqu'à un message où elle m'annonçait une complication. Je crois qu'elle s'est fait avorter, mais je ne suis pas certain. Elle a épousé un cousin du même nom qu'elle, installé à Bordeaux, qui demandait sa main depuis plusieurs années. J'ai reçu un carton d'invitation, mais plus de courrier de sa part. Je comprenais qu'elle voulait se ranger et fonder une famille. Le temps a passé. J'ai gardé dans un vieux calepin son numéro de téléphone.

Des dizaines d'années plus tard, je m'ennuyais pendant ma retraite ou pour je ne sais quel motif et je l'ai appelée, à tout hasard, au numéro dont je disposais. C'est Nina qui m'a répondu. Elle m'a dit qu'elle était veuve depuis quelques années, après s'être occupée pendant huit ans, avec son unique fille, de son mari handicapé, sans doute après un AVC. Nous avons échangé quelques autres nouvelles, comme si nous nous étions quittés la veille.

Je l'ai de nouveau appelée, quelques mois plus tard, au même numéro de téléphone fixe. Elle m'a annoncé qu'elle avait fait récemment un AVC et qu'elle était presque paralysée du côté gauche. Elle vivait à présent chez sa fille unique. Elle m'a appris que sa fille n'avait jamais pu avoir d'enfants et qu'elle avait été contrainte à une adoption. C'était cette petite-fille, devenue d'après Nina une belle jeune fille, qui s'occupait d'elle.

L'histoire est encore plus compliquée : sa fille unique avait divorcé et son ex-gendre vivait dorénavant en couple avec un homme. Elle m'a demandé des nouvelles de ma famille et nous nous sommes promis de nous rappeler. Je l'ai rappelée quelques mois plus tard. C'est sa petite-fille qui m'a répondu. Elle m'a indiqué que Nina était décédée quelques mois auparavant de ce qui semble avoir été un nouvel AVC. Elle s'est excusée de ne m'avoir pas prévenu tout de suite.

J'ai gardé un souvenir attendri de mon premier flirt, de la jeune fille bavarde et enjouée qui allait subir une avalanche d'épreuves. Elle ne m'a pas oublié. Elle m'a demandé à quel âge nous nous étions rencontrés, alors que nous approchions tous les deux de 80 ans : nous avions 18 ans, elle et moi.

4 – Martin S.

Martin faisait partie des élèves de première, l'année du premier bac, à Nice, où je venais de débarquer avec ma famille. Mon père nous avait fait quitter Tunis. Il avait tenu à Nice une boutique de vêtements légers pour homme – chemises, pyjama, etc. – située au bas de l'avenue Gambetta, près de la Promenade des Anglais. Nous habitions à Saint-Sylvestre, à l'étage d'un pavillon situé en proche banlieue. Nous disposions d'une terrasse qui surplombait le jardin bien entretenu par les voisins. Nous avions, en réalité, deux voisines, deux sœurs plutôt âgées, mais je serais embarrassé de préciser si elles avaient 50 ou 75 ans, tant il est impossible ou plutôt sans intérêt pour un adolescent de 17 ans d'apprécier, à dix ans près, l'âge des vieilles personnes.

Au lycée Masséna, tous les élèves m'étaient étrangers, alors qu'au Lycée Carnot de Tunis, je les connaissais tous par leurs noms et leurs prénoms. Ils m'étaient même pour la plupart familiers depuis plusieurs années, quelques-uns depuis l'école maternelle. Les Niçois devaient savoir que j'étais le seul nouveau de la classe, mais ils n'ont manifesté ni curiosité ni hostilité à mon égard. Je ne me sentais d'ailleurs pas dépaysé, nous étions tous des adolescents et mon éducation avait été jusque-là exclusivement française.

Le lycée Masséna était très beau et j'ai toujours aimé la formule sculptée dans la pierre, à son entrée : « *Horas ne numerem nisi serenas* ».[1] Je vais la revoir chaque fois que je me rends à Nice. Peut-être parce que j'aimais aussi le latin. Pourtant j'ignorais, à l'époque, les prouesses architecturales que les Romains nous ont laissées dans plusieurs villes de France et d'ailleurs.

Je ne me souviens pas comment Martin et moi avons fait connaissance. C'est sans doute lui qui a engagé notre premier dialogue, en me posant une question ouvrant déjà sur un sujet sensible : il m'a demandé si mon père parlait le yiddish. Je suppose que son père ou ses parents, originaires de l'est de l'Europe, avaient immigré en France dans les années trente. Je n'avais pas eu besoin de poser la question de ses origines à mon ami. Le yiddish, mélange d'allemand et d'hébreu, est la langue des juifs d'Europe centrale. Mon père parlait plusieurs langues usitées en Tunisie : l'arabe, l'italien et un peu le maltais. On parlait français à la maison, mais le yiddish nous était aussi inconnu que l'allemand. Au volant, mon père jurait en arabe, parfois en italien. Autant que je m'en souvienne, les parents de Martin et les miens ne se sont jamais rencontrés.

Nous étions, Martin et moi, d'assez bons élèves, mais nous n'allions pas jusqu'à rédiger des dissertations de vingt ou trente pages. C'était le cas d'un certain Delaude, dont j'avais admiré la capacité de développer la dissertation. Une telle prolixité était inconcevable à Tunis. J'ai été impressionné par l'épaisseur du paquet de papiers de leur rédaction que plusieurs de mes camarades rendaient au professeur.

---

[1] Que je ne compte que des heures heureuses.

C'est en partie à cause de ces grosses rédactions que j'ai toujours estimé le niveau du français des élèves de Nice supérieur à celui de mes condisciples d'Afrique du Nord.

Martin était cultivé. Je me souviens d'un fait précis : le professeur d'histoire et géographie avait demandé à la classe lequel d'entre nous pouvait figurer au tableau le trajet de la Seine dans Paris, c'était Martin qui était allé dessiner à la craie le trajet bossu avec la Cité en son milieu. J'aimais bien chez lui l'envie permanente de rire des travers de chacun, des professeurs et même de certains élèves. Il le faisait sans méchanceté, plutôt avec humour. D'ailleurs, sur la photo de classe ponctuellement prise tous les ans, il n'est pas comme tous les autres, immobiles avec un sourire discret : il parle en rigolant à son voisin de droite.

Il aimait à raconter une histoire de famille niçoise, dont les huit membres étaient allés à la chasse aux limaces, mais qui, trop lestes, leur avaient échappé. Il défendait toutefois la langue niçoise qui, pour lui, n'était pas un patois, mais une langue authentique. Il la considérait plus structurée que le corse. Martin était un des plus grands et des plus forts de la classe, mais je ne l'ai jamais vu se battre, pas même pour la défense de la langue niçoise, pas même contre les Corses.

Nous étions un petit groupe à nous rendre entre deux cours ou après la classe sur la promenade des Anglais où nous bavardions, assis sur les fauteuils. Nous nous envolions avec un air dégagé pour ne pas payer les chaisières quand on les voyait arriver de loin, avec leur sacoche pendue à la ceinture.

Nos parents nous avaient offert un séjour d'une semaine dans un hôtel de Saint-Martin-Vésubie. Nous partagions la même chambre.

Nous riions beaucoup de tout – j'ai oublié les sujets de notre hilarité – et nous avions bon appétit. J'ai retenu la formule qu'il ne manquait pas de prononcer comme une prière pour se dispenser d'aller jusqu'aux toilettes qui étaient dans le couloir : « que celui qui n'a jamais pissé dans un lavabo me jette la première pierre ». Autre formule inévitable : il ne pouvait s'empêcher d'ajouter, en riant, « du quatorze juillet » quand quelqu'un avait prononcé « qu'il était un peu tard ». Nous avions 17 ans, mais je pense encore parfois à cette formule, quoique je m'efforce d'épargner à mon entourage les rengaines de ma jeunesse.

Notre amitié s'était soudée à Saint-Martin-Vésubie et j'ai, par la suite, tenu Martin informé de mes changements d'adresse. Mon père avait ramené la famille – j'avais un frère et une sœur – à Tunis, l'année suivante, en 1951, l'année du bac philo. Il craignait de subir à Nice, où il ne connaissait pas grand monde, les conséquences – mais je me demande aujourd'hui lesquelles – de la guerre de Corée qui débutait. Quand il avait quitté Tunis, il avait laissé à son frère la direction de son affaire de confection de chemises et, à ce qu'il nous a dit, les ventes avaient fortement chuté depuis son départ. Il a donc repris son atelier où il employait une vingtaine d'ouvrières ; il assurait la coupe des tissus. C'est seulement dix ans plus tard que je me suis demandé en quels termes il avait congédié son frère et quel emploi celui-ci avait trouvé.

Martin et moi nous sommes revus plusieurs fois lorsque nous étions l'un et l'autre à la Cité universitaire de Paris. Je commençais les études de médecine ; il faisait un master de gestion.

Puis je l'ai revu quelques années plus tard, à l'occasion de ma participation à un congrès de médecine à Nice. Sa femme était morte – je crois qu'elle s'était suicidée. Ils avaient vécu un drame : leur premier fils avait fait très jeune une méningite diagnostiquée et traitée trop tard, dont il avait gardé de lourdes séquelles. Il avait perdu la possibilité de marcher et la capacité de parler. Ce n'était que lorsqu'il avait atteint la quinzaine que j'avais été le plus touché de voir cet adolescent, grand et musclé comme son père, mais infirme, couché à plat dos dans un lit d'adulte, et qui ne parlait pas, entretenu par je ne sais plus combien de soignants. Martin vivait avec sa secrétaire qu'il avait épousée après la mort de sa femme. Il m'avait dit « Je suis enfin heureux », dans son bureau de directeur régional de la Banque de France, place Masséna. Il avait aussi une fille de son premier mariage, qui s'était engagée dans le métier d'infirmière.

Nous sommes descendus à Nice, ma femme et moi, quelques années plus tard, seulement pour les revoir. Martin m'a dit, dès que nous nous sommes attablés : « j'ai un cancer de la prostate ». Il a dû lire sur mon visage que je doutais d'une telle affirmation : médecin, mon entourage me sollicite pour des symptômes, pas pour un diagnostic énoncé de façon aussi abrupte, de plus hors de ma spécialité. J'ai dû avoir l'air surpris : il m'a alors demandé si je me moquais de lui. Je l'ai rassuré, bien sûr, et je lui ai expliqué mon étonnement qu'il ne m'ait fait part d'aucun symptôme urinaire. J'ai appris par ma femme que la sienne lui avait fait part de métastases du cancer répandues « partout ».

Martin est mort le mois suivant. Je suis retourné à Nice pour son enterrement.

Il était si bien maquillé pour son embaumement que j'ai, en un instant, tout revu de lui et de nous. C'était lui, c'était Martin et je n'arrivais pas à retenir mes sanglots. Personne ne me connaissait. On m'a regardé comme un étranger dont on ne comprenait pas la douleur. On m'a fait asseoir dans une pièce voisine et on m'a offert un verre d'eau.

Il y a ensuite eu une cérémonie religieuse à l'église. J'y suis resté un instant pour présenter mes condoléances à sa femme. En sortant, j'ai vu son frère sur le seuil de l'église. Son visage affichait une douleur et une colère que j'ai interprétées comme son désaccord à l'encontre de la femme de Martin, qui avait dû décider seule de la cérémonie catholique. Ce frère dont j'ai oublié le nom devait vouloir marquer ainsi la judaïté de Martin et de sa famille.

L'histoire n'est pas finie : j'ai téléphoné quelques semaines plus tard à sa femme et je suis tombé sur une furie qui reprochait à Martin de n'avoir pas laissé de testament. J'ai été pris à partie sans bien comprendre pourquoi. Tous ses biens revenaient aux enfants de son premier mariage : un grand infirme et une infirmière.

5 – Capucine B.

Elle tenait avec son mari une boutique de chaussures avenue Gambetta à Nice. Le magasin de mon père était attenant au leur, pas loin de la Promenade des Anglais. Mes parents, qui devaient avoir environ la quarantaine, n'ont pas tardé à se lier d'amitié avec eux. Capucine et son mari étaient plus jeunes d'une dizaine d'années. Elle était une jolie fille, brune, mince et bien faite ; son mari plutôt banal, petit, et porté à la rigolade de comptoir. Elle aimait parler avec ma mère, d'abord entre voisines, puis elles n'ont pas tardé à devenir amies. Capucine avait le charme du parler niçois, avec des variations de la phrase qui faisaient penser à une chanson. Son élocution était plutôt lente et il me semble que cela accentuait les intonations musicales propres à la région.

C'était l'année de mon premier bac ; j'avais 17 ans. Mon frère, qui avait 14 ans, lui a écrit quarante ans plus tard pour son anniversaire une lettre où il avouait l'attrait physique qu'elle avait exercé sur lui à l'époque de ses premiers émois. Capucine m'a lu cette lettre au téléphone.

Nous avons gardé un lien très fort avec elle et son mari, quand nous sommes retournés à Tunis, un an plus tard, puis lorsque nous sommes partis pour Paris, après deux années passées à Tunis.

Elle a appris à ma mère son divorce et le vague projet d'un deuxième mariage. Une fois à Paris, je téléphonais de temps en temps à Capucine, mais c'est ma mère qui avait avec elle le lien le plus fort. Le deuxième mari s'appelait Fernando ; il était corse et plus jeune qu'elle. Ils avaient une très belle villa sur les hauteurs de Nice et une chambre d'amis confortable attenante à leur maison. Nous sommes allés plusieurs fois leur rendre visite et passer quelques jours chez eux. Souvent, ma femme m'accompagnait et j'ai le souvenir d'un dîner dans un restaurant pas loin de Cagnes, où notre table à tous les quatre était dressée à quelques mètres du bord de l'eau.

C'était quelques semaines avant l'appel de Capucine m'annonçant l'AVC de Fernando, une forme diffuse par thrombose des veines cérébrales. Il s'en est remis au bout de quelques semaines, mais, infirme, il se déplaçait dans un fauteuil électrique qu'on avait adapté aux capacités motrices de ses mains et il a gardé des troubles de la parole. Cependant, il s'exprimait assez bien et nos relations sont restées très proches, et tout aussi affectueuses. Capucine m'a révélé plus tard qu'il ne savait pas se servir d'une carte bancaire et que c'est elle qui lui donnait des espèces pour ses frais personnels. Capucine, fille unique, avait fait un gros héritage à la mort de son père qui était architecte. Elle m'avait montré une très riche collection de timbres qu'elle voulait léguer à un ami que je ne connais pas.

Des années plus tard, je suis allé plusieurs fois, seul, chez eux. Si bien que lorsque j'avais l'un ou l'autre au téléphone, j'attendais chaque fois pour première question une invitation rituelle :

— Quand vas-tu venir nous voir ?

Ils aimaient, surtout Fernando, discuter avec moi de sujets médicaux ou philosophiques. Je lui ai appris ce que je savais de l'épicurisme, la seule philosophie qui m'intéressait et que l'on confond souvent avec l'hédonisme, qui consiste à « profiter ».

Quelques années plus tard, Fernando a fait un second accident vasculaire cérébral dont il est décédé.

Descendu à Nice pour les cérémonies et pour la crémation, j'ai assisté avec Capucine et quelques amis à l'enterrement des cendres dans leur parc ; ils y avaient déjà enfoui celles de leur chien.

La dernière fois que j'ai téléphoné à Capucine, elle m'a dit que Suzanne – une amie de longue date, également de ma mère et de mon frère – venait de débarquer avec ses deux enfants. Elle m'assurait qu'elle allait me rappeler pour convenir de ma visite. Elle ne l'a pas fait, ce qui est surprenant, car elle appréciait autant que moi nos rencontres. Je ne l'ai plus revue.

Je crois savoir pourquoi elle ne m'a plus invité.

Suzanne est une sculptrice talentueuse à qui mon frère avait acheté un beau corps d'homme représenté en plusieurs matières. Chirurgien-dentiste, il l'exposait dans sa salle d'attente. Or, il m'avait raconté que Suzanne la lui avait empruntée pour une exposition au Japon. Elle aurait ensuite prétendu la lui avoir non pas vendue, mais prêtée. Mon frère, sûr d'être propriétaire de l'œuvre d'art, s'était fâché avec Suzanne.

Capucine m'a raconté qu'elle et Suzanne étaient allées le voir, surtout pour admirer la décoration intérieure de la péniche qu'il habitait sur la Seine, quai de Grenelle.

C'est lui qui m'a dit que, par rancune, il les avait reçues seulement sur le quai, sans les inviter à monter à bord. Capucine m'avait fait part de cette vexation dont elle lui avait sans doute gardé rancune.

J'ai donc imaginé que Suzanne et Capucine s'étaient mutuellement persuadées de ne pas me recevoir, m'assimilant à mon frère, pour se venger de lui. Je dois reconnaître que ce sont là seulement des suppositions de ma part, fondées sur l'abstention de Capucine, contrastant avec son insistance à m'inviter chez elle, pendant des années, chaque fois que je les avais appelés, elle ou Fernando.

Quelques mois plus tard, je suis tombé au téléphone, une fois de plus, sur Hector, leur employé congolais parlant parfaitement français et qui leur était aussi dévoué que bon cuisinier. Il m'a donné l'adresse téléphonique de Capucine qui fréquentait une résidence voisine. Capucine m'a dit qu'elle jouait aux cartes dans la maison de retraite où elle séjournait et qu'elle s'amusait bien avec les pensionnaires.

Je ne sais pas ce qu'il est advenu d'elle, par la suite, jusqu'à l'appel d'un de ses neveux pour me faire part de son décès.

Il y avait chez Capucine et Fernando une franche hospitalité me donnant chaque fois l'impression d'être plus qu'en famille. Nous étions bien ensemble. Et cette histoire se termine comme dans les familles où un malentendu se produit, avec un désaccord financier pour motif.

6 – Jeanne S.

Mon souvenir d'elle remonte au temps où nous avions tous les deux 7 ou 8 ans. Elle habitait dans le même immeuble que celui de mes grands-parents. Il nous arrivait de jouer ensemble. Elle logeait au premier étage, et mes grands-parents au deuxième. Ma grand-mère et sa mère ne voulaient probablement pas être encombrées par des enfants pendant qu'elles faisaient le ménage ; nous nous rencontrions dans les escaliers.

J'ai oublié nos autres inventions, mais je me souviens d'avoir joué avec elle au docteur. Je l'auscultais avec un doigt à travers ses vêtements et je lui tenais en silence le poignet, comme j'avais vu le médecin palper le pouls de mon grand-père. J'appréciais qu'elle me prît au sérieux, reste immobile et me regarde sans prononcer une parole pendant que j'effectuais mon examen.

Curieusement, je ne crois pas l'avoir interrogée sur les troubles qui l'amenaient chez le médecin : je manquais d'expérience alors que, gastro-entérologue, j'ai su depuis que l'analyse des symptômes décrits par le patient tient une part importante dans l'orientation du diagnostic. Une fois la consultation terminée, nous n'y pensions plus ; nous nous racontions des histoires ou nous inventions d'autres jeux.

Un autre souvenir que j'ai d'elle est sa voix plutôt grave et un peu bitonale. Par la suite, quand nous avions 15 à 18 ans, je la croisais dans les avenues que les jeunes gens de la ville arpentaient dans les deux sens et où ils se rencontraient. Elle était devenue un peu plus grande que moi, une belle brune avec un joli port de tête. Elle était toujours seule et ne regardait pas les passants. Nous n'avions pas eu l'occasion d'échanger nos souvenirs, sans doute par timidité et parce que nous n'avions pas d'amis communs.

J'ai eu plus tard de ses nouvelles par ma mère : elle était venue vivre à Paris, ne s'était pas mariée et avait monté une entreprise de couture de luxe ; on disait « haute couture ». Ma mère ne m'a fait part d'aucune autre nouvelle. Je n'ai jamais essayé de la joindre. Qu'aurais-je eu à lui dire ? Certes, je pouvais lui rappeler qu'elle avait été la seule fille avec qui j'avais joué au docteur. Mais une telle entrée en matière aurait plus prêté à la moquerie qu'à l'émotion, surtout si elle n'en avait gardé aucun souvenir.

Je n'ai rien fait pour la revoir avant que le hasard ne me projette dans une effroyable et dernière rencontre.

J'avais la cinquantaine, médecin hospitalier, il m'était arrivé de penser à ma copine d'enfance, à cause du jeu où je tenais le rôle du docteur. Je venais de renouer avec un cousin de ma mère, de dix ans mon aîné, qui n'avait pas fait d'études universitaires, mais avait néanmoins réussi, grâce à sa remarquable intelligence, son entregent et l'avantage de parler couramment cinq ou six langues, parmi lesquelles l'arabe. De belle prestance et doté d'une belle voix, toujours impeccablement vêtu, il éditait en anglais, tous les deux ans, une épaisse revue en couleurs. L'ONU et d'autres entreprises internationales lui en achetaient des centaines d'exemplaires. Finement hédoniste, il ne faisait rien qui ne soit de bon goût, même le café arabe qu'il aromatisait à l'eau de fleur d'oranger. On l'appelait « professeur » au restaurant où il m'avait invité.

Il m'a demandé un jour de lui donner mon avis à propos de sa maîtresse. On lui avait découvert un cancer de l'utérus qui, selon les médecins, avait atteint un stade de gravité au-dessus de tout espoir, alors qu'elle restait en très bonne forme physique. Quand il m'a dit son nom, j'ai su que j'allais rencontrer Jeanne. Pourtant, je n'ai rien laissé voir de mon émotion ni de mon espoir de le rassurer. Il était parisien et a pris rendez-vous au secrétariat du service hospitalier où j'exerçais. Je les ai reçus dans mon bureau, lui et Jeanne S. qui était une belle femme en pleine maturité, gaie et contente de me revoir.

Elle m'a un peu raconté sa carrière et décrit son affaire qu'elle venait de vendre. Elle ne s'était pas mariée. Nullement intimidée, elle m'a parlé de ses créations et de ses clientes célèbres. Amicale et en confiance, elle me donnait mon prénom comme si nous nous étions quittés la veille. Elle ne m'a toutefois pas rappelé qu'elle avait été ma première patiente. Je lui ai résumé mon évolution, d'abord parisienne puis provinciale.

Nous sommes passés dans la salle d'examen où elle a ôté ses vêtements sans aucune gêne. Mon exploration clinique a été complète, incluant des actes impensables pendant nos jeux d'enfants. Je suis ensuite resté impassible et lui ai annoncé que je ne trouvais rien de fâcheux, alors qu'elle avait à l'évidence un envahissement cancéreux du petit bassin – partie basse de la cavité abdominale –, autour de l'utérus.

Je ne lui ai pas rappelé nos jeux dans les escaliers de ma grand-mère ; le cœur n'y était pas.

Je l'ai laissée se rhabiller, le temps d'aller échanger quelques mots avec mon cousin. Je lui ai confirmé, avant le retour de notre amie, le pronostic malheureux qu'on lui avait indiqué. Jeanne nous a rejoints, soulagée de ne pas être malade, presque enjouée. Ils ont échangé des propos légers pendant que je les raccompagnais jusqu'à l'ascenseur.

Je me suis retrouvé dans mon bureau, seul avec ma douleur d'avoir revu et perdu pour toujours une amie d'enfance. J'étais accablé d'avoir confirmé la prévision funeste de mes confrères. Docteur de jeu, j'étais devenu médecin de malheur ; des larmes me montaient aux yeux. Je souffrais de savoir condamnée la belle femme que je n'avais pas oubliée depuis qu'enfants, nous avions ensemble joué au docteur.

7 – Margot V.

Nous nous sommes connus aux sports d'hiver, en Autriche à Zeel am see. Un organisme national nous y avait inscrits et conduits, train et bus. J'avais découvert ces loisirs pendant ma troisième année en France. Je m'y étais inscrit avec mon ami Victor W. qui se lançait comme moi pour la première fois à pratiquer le ski. Je connaissais à peine l'existence de ce sport. Les sports d'hiver n'existaient pas à Tunis, où l'on fréquente les plages en été.

Nous étions une trentaine de Français, tous âgés d'un peu plus de 20 ans. Inutile de dire que moi et plusieurs autres, incluant mon ami Victor, n'en menions pas large, les skis aux pieds. Nous avions sur place un bon enseignement en français, par un professeur dont l'accent germanique accentuait le dépaysement qu'on devait déjà à tant de neige et de pentes sous un ciel si bleu. Il nous apprenait la position des skis en « chasse-neige », sur des pentes modérées où nous croisions des enfants autrement plus hardis que nous. Quand nous avons pris le remonte-pente pour entamer une audacieuse glissade au milieu des sapins, nos prouesses étaient bien moins hardies et nous-mêmes moins courageux, souvent sauvés par la chute sur les fesses, notre ultime recours. Certains, au contraire, aguerris de longue date, se lançaient d'une piste à l'autre, dont les couleurs ne me reviennent pas. Ils étaient pour la plupart indulgents aux récits de nos laborieux exploits.

Margot était audacieuse : elle descendait schuss les pistes où je peinais, skis écartés et parallèles, elle fonçait, prenait son tour au remonte-pente et recommençait. Grande et blonde, elle était belle.

Margot et moi nous sommes plu tout de suite. C'était une fille prête à rire de tout. Sérieuse et ordonnée, très habile de ses mains comme j'ai pu le constater par la suite, lorsqu'on faisait des déguisements pour fêter notre stage de ski : elle découpait tissus et cartons pour la confection de plaisants déguisements. Je ne sais pas si elle confectionnait ses propres vêtements, mais c'était bien possible.

Ce fut entre nous un flirt plus amical qu'amoureux. Nous aimions nous retrouver. Elle connaissait plusieurs pensionnaires, des amies venues avec elle. Nous fréquentions, le soir, les pistes de danse dans les tavernes du village, entraînés par un sympathique orchestre italien. J'étais le seul à parler italien et je me suis lié à des musiciens qui m'ont appris quelques-unes de leurs chansons, par exemple *Come mametta t'a fatto*. Je crois que mes dispositions linguistiques impressionnaient Margot.

Quelques semaines plus tard, alors que nous étions revenus en France, elle m'a rendu visite à Garches, à l'hôpital Raymond Poincaré, où j'étais logé et effectuais mon premier stage d'interne. Elle sollicitait mon opinion sur son projet de mariage avec Jean-Pierre, un garçon que je ne connaissais pas, mais qui paraissait insister pour vivre avec elle le reste de ses jours.

Je n'avais bien sûr pas une opinion raisonnée à propos de ce garçon, ni sur leurs projets. Je crois que j'aurais exprimé un jugement plus sensé à Jean-Pierre à propos de Margot. Finalement, elle s'est mariée avec lui. Son père ne cachait pas sa fierté au bras de sa grande fille en gravissant les marches et l'allée centrale de Saint-Honoré d'Eylau. La fête du mariage était superbe, et joyeuse, animée par Claude Bolling et son orchestre.

Peu de temps après le mariage, Jean-Pierre a engagé avec moi un dialogue singulier. Il m'a fait part d'une difficulté dans son jeune couple : un désaccord dans la relation amoureuse. Il espérait de moi un conseil que j'étais bien incapable de formuler.

Je crois qu'il imaginait le médecin en mesure de tout résoudre des choses du corps et de l'âme. Je dois reconnaître mon étonnement, car aucun de mes amis ne m'avait parlé de sa vie intime et je n'avais aucune sorte d'intimité avec lui. Certes, j'y ai perçu une confiance aveugle, à la fois en ma science et en ma discrétion appuyées sur le secret professionnel. Je ne connaissais rien au problème et je me suis gardé de lui demander le moindre détail. En fait, je ne me souviens pas comment je m'en suis tiré. Il m'a appris peu de temps après que Margot ne voulait pas qu'il me parle de leur vie amoureuse.

La fête suivante a été donnée par Margot à l'occasion de l'anniversaire de Jean-Pierre. Les amis ont été tous mis à contribution pour lui acheter un bel appareil photographique. Nous nous sommes rencontrés souvent par la suite, mariés tous les deux, chez nous à Reims ou dans leurs maisons situées en province, la dernière à Notre-Dame-de-Bellecombe.

C'est Margot qui m'a appris que les femmes étaient appelées Bellecombaises.

Je me souviens de la mort du père de Margot, brutalement, d'une crise cardiaque à l'hôpital où il était entré pour des explorations. C'était un homme charmant et bricoleur, comme Margot.

Plus tard, Jean-Pierre a été pris d'une asthénie inquiétante. Les médecins ont découvert de multiples métastases d'un cancer du rein. Il est mort en quelques semaines. Dans le train qui nous ramenait vers Paris, un des oncles de mon amie, médecin retraité, m'a rappelé qu'on était resté dans l'ignorance de la cause d'un saignement émis dans les urines trois ans plus tôt et qui aurait bien pu avoir pour cause le cancer du rein non décelé avec les moyens de l'époque. On n'utilisait pas encore le scanner. Je me dis qu'aujourd'hui, on aurait peut-être découvert une petite tumeur d'un rein à un stade où on aurait pu opérer le patient et le guérir.

Quelques années plus tard, Margot a ressenti des douleurs abdominales de plus en plus intenses. Le scanner, auquel on a eu recours, cette fois-ci, a révélé un cancer du pancréas. On s'est souvent téléphoné pendant qu'elle était en clinique, jusqu'au jour où sa parole est devenue saccadée et difficile à suivre. Ce fait pouvait être l'effet des médicaments antalgiques qui réduisent la vigilance, mais je me suis toujours demandé si elle n'était pas morte en me parlant.

8 – Samuel C.

Nous avons fait connaissance tout naturellement du fait d'avoir pris nos vacances en même temps, dans un hôtel du Club Méditerranée en Suisse.

Nous consultions tous les deux à titre de vacataires au même centre de santé de la mairie d'Argenteuil. Il était généraliste et avait son cabinet à Paris dans le Xe arrondissement. Assistant à l'hôpital Bichat, je donnais à la clinique d'Argenteuil deux consultations de gastro-entérologie par semaine.

Cette clinique avait une clientèle confiante et affable dont je garde un très bon souvenir. Nous avions, Samuel et moi, communiqué à plusieurs reprises à propos de nos patients, dans les couloirs de la clinique. Samuel était jovial et compétent. Il était très attaché à sa clientèle, reproduisant en clinique publique l'attitude chaleureuse qu'il offrait aux patients de sa pratique privée.

Nous nous sommes liés d'amitié après ces vacances en Suisse. Nous avons fait ensemble des promenades le long des chemins de montagne et pratiqué les nombreux sports à notre disposition. Je crois que Samuel préférait le bridge au tennis, d'autant que le professeur de bridge était sympathique et compétent.

Samuel avait perdu toute sa famille, exterminée pendant l'occupation allemande ; il nous en a très peu parlé. Plus âgé que nous, je me souviens qu'il m'avait raconté s'être engagé dès la libération de Paris dans les unités de la France libre. Il était revenu chez lui après la libération, revêtu de son uniforme et avec ses armes. Il y avait trouvé une brave famille française, non juive bien sûr, qui n'avait pas fait la moindre opposition pour quitter son appartement, auquel ils avaient accédé on ne sait comment.

Nous sommes partis ensemble pour des vacances en Italie, ma femme et moi avec nos deux enfants – un garçon et une fille – et Samuel avec sa femme, leur garçon et leur fille qui avaient à peu près les mêmes âges. Ma femme avait retenu l'hôtel qui s'était avéré situé en pleine ville, à l'intersection de deux voies rapides, bref, pas bon pour des vacances. J'ai alors vu Samuel s'adresser à Nicole pour la consoler avant même d'avoir porté une opinion péjorative sur cette réservation. Son attitude m'a enseigné ce qu'était la générosité, signe majeur d'amitié que je n'oublierai jamais. Nous avons trouvé par chance un autre hôtel qui venait d'ouvrir et dont nous avons bien aimé le service compétent, discret et efficace, la piscine sous le bâtiment principal et le minigolf qui nous a beaucoup occupés.

J'ai remarqué que Samuel prenait à chaque repas une poudre dans un peu d'eau. Il m'a dit que c'était pour une pancréatite qui le faisait souffrir de temps en temps. Moi, j'avais appris que ce traitement était sans aucune efficacité dans cette indication, mais il ne m'a pas demandé mon avis.

Après notre retour de ces vacances tout à fait réussies, la femme de Samuel nous a appris au téléphone son décès brutal. Il avait souffert le matin de façon très violente de l'épigastre. Il a juste eu le temps de lui demander d'appeler le Samu. Il est décédé quelques heures plus tard, encore chez lui, dans l'ambulance ou aux urgences de l'hôpital Lariboisière. J'ai supposé par la suite que les douleurs qu'il traitait avec de la poudre de pancréas auraient pu être d'origine coronarienne.

J'ai beaucoup aimé Samuel, sa femme et ses enfants. Il ne nous a jamais parlé de sa famille et des circonstances de l'arrestation de ses membres, pas plus que de la façon dont il avait été caché pour échapper aux nazis et aux collaborateurs français.

Je suis heureux que nos enfants soient restés en contact, perpétuant la réjouissance des vacances de leur adolescence.

9 – Gabriel L.

C'était un chirurgien, il décidait de tout très vite. Par rapport à nous, médecins, il avait des qualités qui demandent une longue expérience et des patrons de bons niveaux opératoires et pédagogiques pour acquérir l'expérience de décisions rapides. Leurs succès entraînent souvent de la reconnaissance des patients et des familles qui entretiennent leur contentement de soi.

Gabriel disposait d'un sens du concret qui soutenait toutes ses actions. Il ne se perdait pas en discussions contradictoires et préférait tout ce qui est à portée de main et facile à adapter. Il ne détestait pas les pensées abstraites ou spéculatives, mais il restait silencieux, par amitié ou par respect, quand il n'était pas d'accord. Les chirurgiens ne sont pas tous dans son cas, mais Gabriel était un actif qui avait tendance à mettre son amour du savoir-faire avant son aptitude à poursuivre une conversation qui se perd dans les dédales des hypothèses ou de l'incertain auxquels s'adonnent souvent les médecins. Je le connaissais assez bien et je savais qu'il songeait à quitter sa pratique privée à Charleville-Mézières pour se faire recruter à l'Institut Jean Godinot – centre anticancéreux de Reims.

Un fait dépeint bien le personnage. Je venais d'être nommé chef du service de gastro-entérologie de l'hôpital ; je n'avais pas encore recherché le personnel de l'équipe. Je me délassais dans ma maison de campagne située à une vingtaine de kilomètres de Reims. Je ne l'attendais pas et il a déboulé dans l'après-midi d'un dimanche où il faisait beau. Nous les avons reçus avec plaisir, lui et le collègue qui l'accompagnait : c'était en 1979. Après mes quelques mots d'accueil, il n'a pas tardé à me poser une question sur un ton qui ne pouvait qu'attendre une réponse positive :

— Veux-tu avoir Marilyn Monroe pour secrétaire ?

Je ne change pas un mot à la question posée de but en blanc. Il m'a ensuite expliqué qu'il connaissait une jeune femme qui méritait le poste, du fait de son physique de star et de son extrême politesse. Je ne lui opposais pas ma conception d'une bonne secrétaire évaluée sur ses compétences professionnelles plus que sur sa plastique corporelle. Je n'avais, en revanche, aucune raison de refuser la candidature d'une personne recommandée par un ami. Cette jeune femme a été charmante, en acceptant les aléas d'une installation précaire au début du service composé de salles hétéroclites cédées par un collègue interniste. Gabriel n'est jamais venu voir la fameuse secrétaire, ce qui m'a fait penser qu'elle n'était pas sa copine.

Il a décidé à la même époque de quitter sa pratique privée pour accepter un poste de chirurgien à l'Institut Jean Godinot. Nous avons eu ainsi plusieurs occasions de nous rencontrer. Il était comme moi amateur de pêche, mais il avait sur moi l'avantage de connaître l'étang poissonneux d'un ami anesthésiste. L'affaire a été assez vite engagée et nous nous sommes trouvés embarqués sur une grande surface d'eau proche de Reims.

J'ai pris un petit brochet et Gabriel, un très gros, qu'il a même eu du mal à hisser sur la barque. Il était très excité et je le comprenais bien. Il m'a offert le brochet et je l'ai aussitôt invité à un dîner autour de cette belle pièce.

Comme nous ne possédions pas de récipient assez grand pour cuire le poisson sans le plier ni le découper, nous avons fait l'acquisition d'une poissonnière de taille suffisante. Ma femme s'est renseignée et a trouvé plusieurs recettes qui accompagnaient le court-bouillon. Le poisson était très bon et la soirée, sympathique. Information accessoire : nous n'avons eu qu'une seule fois, peu après, l'occasion d'utiliser la poissonnière pour cuire et présenter un saumon, lors d'une réception familiale. Le récipient est ensuite resté à la cave jusqu'à ce que nous l'offrions à un sympathique restaurateur. Gabriel et moi n'avons pas eu l'occasion de renouveler la partie de pêche. Mes fonctions hospitalières ne m'en ont pas laissé le loisir. De plus, c'est à cette période que la pitié m'a pris pour les poissons que je sortais de l'eau et laissais mourir d'asphyxie.

Gabriel a été très déçu du recrutement de malades par le centre anticancéreux et, comme tout le monde et à propos de tout, il tenait le directeur pour responsable. En fait, je me suis vite rendu compte qu'il lui fallait une activité soutenue qu'il obtenait mieux en chirurgie libérale qu'à l'institut Jean Godinot. Sa décision ne s'est pas fait attendre : il a quitté Reims et a repris son activité libérale à Charleville-Mézières.

Quand est-il tombé malade ?

Je ne m'en souviens plus, mais je suis allé souvent le voir quand il était hospitalisé à Reims, en neurologie, pour une tumeur cérébrale.

Il était devenu encore plus bavard et avait décidé que sa nièce, étudiante en médecine, ferait sa thèse avec moi.

Il est décédé peu de temps après.

10 – Victor W.

J e n'ai pas eu d'ami qui ait été aussi gai, spontané et prêt à toutes les expériences. Victor ne se privait de rien qui ne puisse lui plaire tant qu'il ne faisait de mal à personne. Il avait un accent parisien un peu teinté de gouaille campagnarde qui le rendait sympathique à tout le monde. D'ailleurs, sa façon de parler indiquait clairement qu'il se moquait des idées compliquées.

Nous étions externes dans le même service de chirurgie à l'hôpital Saint Antoine, chez le professeur Jean Gosset. Nous déjeunions souvent ensemble à la cafétéria. C'est lui qui nous a entraînés à prendre nos vacances aux sports d'hiver, et, de là, à rencontrer une foule de gens qui, à Paris, nous ont par la suite invités à de nombreuses surprises-parties.

Il avait beaucoup de succès auprès des filles, qui avaient pour lui une tendresse et une indulgence qu'elles n'accordaient à aucun d'entre nous. Il avait toujours des histoires à raconter et lui-même faisait l'objet d'histoires comme celle où il avait été hébergé une nuit chez notre amicale anesthésiste et s'était endormi sur la cuvette des toilettes.

Il avait une conception simple de l'amour qui, pour lui, ne consistait qu'à exprimer son intérêt, jusqu'à la chute de la robe et de la culotte.

Mais tout cela était dit avec tant de bonne humeur et de gaîté que tout sentiment paraissait superflu ou trop compliqué.

Victor parlait mieux qu'il ne dansait et on comprend bien qu'il se lançait sur la piste pour parler avec une des filles de la bande qu'on avait connue aux sports d'hiver. Il aimait chanter les chansons de salle de garde et avait une belle voix ; je me souviens de la nuit passée à une dizaine dans le chalet d'une amie et où il nous avait régalés avec la chanson *En revenant de garnison* qu'il a chantée de bout en bout, quelques-uns d'entre nous reprenant le refrain. Cette chanson a posé un problème anatomique à Serge, un copain de la bande, également externe dans le service, qui m'a demandé si j'avais compris comment la « Bonne hôtesse » pouvait « remuer du cul sans faire bouger les fesses ». Je ne me souviens plus de l'explication que j'avais trouvée, mais, à ma grande surprise, elle avait paru lui convenir. Je me demande aujourd'hui ce que j'avais bien pu trouver.

Victor m'a invité à un petit séjour dans sa famille, chez une tante ou une cousine qui habitait une maison en bordure d'un petit village en Franche-Comté. Il faut dire l'attachement de Victor à cette région de France. Il considérait que tout y était beau et bon. Moi qui ignorais les fromages français, j'ai appris de lui que le meilleur était la cancoillotte. J'en ai acheté récemment et j'ai sincèrement dit à ma femme que j'avais dérogé à nos habitudes, en souvenir de mon ami Victor.

Un matin, nous sommes allés nous promener, lui, moi et son oncle. Ce dernier avait armé son fusil de chasse et me l'avait donné ; c'était la première fois que je portais un fusil – oui, mon souffle au cœur m'avait réformé du service militaire. Il a lancé des pierres devant nous et j'ai vu un joli lapin sortir d'une cachette et filer. Moi, pauvre homme des villes, j'ai admiré l'animal, mais je n'ai pas pensé à tirer. Ils ont gentiment rigolé, mais sans le moindre reproche ou la moindre moquerie. Notre séjour a été interrompu par la nécessité où se trouvait Victor de se rendre à un rendez-vous avec un professeur de pédiatrie dont je n'ai pas connu le nom : le poste d'un semestre d'internat était en jeu.

Il habitait chez ses parents à Boulogne-Billancourt. Le logement et les chambres étaient de petites dimensions. J'ai assez vite compris que son père était ouvrier aux usines Renault qui, à l'époque, étaient proches.

Victor était le seul de mes amis qui se soit passionné pour le football ; il connaissait presque toutes les équipes du monde, les joueurs de chacune et ses historiques. Je n'y connaissais rien, mais il est arrivé à me traîner un soir pour assister au match de l'équipe hongroise Honved contre le Racing. C'était la première fois que je suivais un match de foot depuis les gradins du stade. Je n'en connaissais que les règles principales. La soirée a été intéressante, bien que des vociférations et sifflets, lancés en chœur plusieurs fois pendant la partie, me fissent comprendre qu'une des deux équipes avait enfreint un détail du règlement que j'ignorais. Je n'ai jamais vu de match de foot, depuis, autrement qu'à la télévision. Certains sont très spectaculaires quand les joueurs d'une équipe sont rapides et bien coordonnés.

Victor était un fumeur. On commençait à connaître les méfaits du tabac pour la santé, surtout pour les artères. Les fumeurs pouvaient encore être incrédules, alors qu'on sait maintenant à quel point la publicité en faveur du tabac était bien organisée.

Il avait acquis la qualification de pédiatre après avoir accompli le minimum de trois semestres d'exercice dans les services spécialisés parisiens. Nos spécialités aussi bien que notre émigration différente pour exercer la médecine nous ont éloignés. Et puis, un jour, j'ai pu avoir son adresse et je lui ai proposé de venir le voir. Il m'a fait répondre par sa femme. Je trouvais cela curieux, mais nous y sommes allés pour un déjeuner qui a été excellent. Malheureusement, je ne retrouvais ni le verbe ni la verve du Victor que j'avais connu. Sa femme entretenait la conversation. Il m'a seulement montré la bibliothèque où il passait presque tout son temps. Bref, ce n'était plus lui.

Nicole, ma femme, a fondu en larmes quand on s'est retrouvé en voiture pour le retour. J'ai écrit pour remercier son épouse de nous avoir si bien reçus. Je n'ai plus eu aucune nouvelle et je ne savais pas comment la suite s'est passée pour lui. C'était il y a une quinzaine d'années. J'ai fait une enquête auprès de la mairie de son village. J'ai appris qu'il était décédé, probablement de complications artérielles qui affectaient son cerveau.

11 – Adam C.

J'ai connu Adam quand nous étions scouts à Tunis – U.U.J.J. : union universelle de la jeunesse juive, excusez de l'emphase. Nous avions une dizaine d'années. C'était peu avant que l'occupation allemande de la Tunisie, de novembre 1942 à mai 1943, à la suite du débarquement allié, au Maroc, ne mette fin aux activités de notre troupe de louveteaux.

Sous l'autorité de la charmante cheftaine Panthère, nous apprenions des chansons – certaines en hébreu –, à faire tous les nœuds avec de la ficelle – plats, de chaise, de pêcheur, etc. –, sans parler des jeux de ballon et des sorties, en particulier à Hammam-lif, où nous escaladions le Bou-Kornine pour cueillir des cyclamens teintés de toutes les nuances du mauve et à l'odeur si subtile. Nous, gamins, étions plus ou moins amoureux de notre cheftaine.

J'avais remarqué comme tout le monde qu'Adam, que nous appelions Jo, avait un de ses deux yeux entièrement blanc. La sclérotique, qui désigne le blanc de l'œil et qui normalement entoure l'iris coloré et la pupille, recouvrait chez lui ces structures. Personne ne lui en parlait, bien sûr, ne demandait comment s'appelait cette anomalie. Il était gentil avec tout le monde et avec tous serviable et fidèle. Je l'appréciais déjà.

J'ai retrouvé Adam après le redoutable examen de passage de l'école primaire à la classe de sixième, dans notre cas du lycée Carnot. La distinction des études secondaires entre collège et lycée n'existait pas à l'époque. On passait en sixième et c'était la même chose.

Adam était un garçon très doux, à peu près de ma taille, c'est-à-dire plutôt petit. Attentif à tout ce qu'on lui disait, il était travailleur sans obtenir des résultats mirobolants, comme il l'a souligné dans le livre autobiographique publié près de quarante ans plus tard. Je me suis toujours senti très proche de lui, malgré sa pratique acharnée du volley-ball qui m'était interdit. Nous échangions souvent nos devoirs, en particulier de latin ou de langues vivantes – italien et anglais.

Il habitait dans le quartier « Lafayette », pas loin de la Grande Synagogue. Sa maison était fréquentée par beaucoup d'amis, parmi lesquels Nathan S. Sa grand-mère vivait dans la famille, comme cela se faisait en Tunisie quand la grand-mère était veuve. Elle ne parlait que le judéo-arabe et c'est dans cette langue que l'on bavardait avec elle, bien qu'elle comprît le français.

Nous nous étions éloignés, déjà à Tunis, quand je faisais le PCB[2] et lui, une licence d'italien. J'étais déjà en France quand il est devenu professeur d'italien, d'abord à Sousse puis à Tunis, au Lycée Carnot. Il quitta ensuite la Tunisie pour la France avec sa famille.

Je l'ai croisé plusieurs fois à Paris où il enseignait l'italien. Il a fait réparer l'anomalie d'un œil qui l'a sûrement handicapé pendant son enfance.

---

[2] PCB : physique, chimie, biologie. Année préparatoire aux études de médecine, à l'époque enseignée à Tunis.

Je l'ai revu à l'occasion de la parution de son livre autobiographique[3], précieux pour moi qui ai eu un parcours parallèle au sien et qui ai partagé les mêmes souvenirs, avant que nos voies divergent. Il m'a dit sans plus de détails : « Ce n'est pas une opération, j'ai maintenant une prothèse. » Il parlait de son œil anormal, en apparence guéri. Sans un mot de plus. Je n'avais pas remarqué le changement parce que j'avais oublié l'œil blanc.

Je lui ai demandé de lire le manuscrit de mon roman qui se déroule en Tunisie, au temps de mon grand-père.[4] Je voulais éviter d'y avoir laissé échapper une remarque soit désobligeante, soit erronée sur la religion juive. J'avais sollicité le même service d'un ami catholique et d'un ami musulman, tous deux pratiquants. Nos rencontres étaient toujours affectueuses et teintées d'humour. Nous pouvions évoquer n'importe quelle période de notre vie et les personnes que nous avions rencontrées, surtout des élèves de classe que nous aimions bien, comme Adrien Lumbroso, Nathan S. et Théo B. J'ai déjeuné chez lui à l'occasion de mon roman sur Tunis et j'ai fait connaissance de son épouse, Sophie, qui m'a fait l'amitié de me recevoir, bien que pressée d'aller voir sa mère, hospitalisée ou dans une maison de retraite.

Quelques mois plus tard, Sophie m'a fait part du décès d'Adam. Je suis allé à l'enterrement de mon ami au cimetière de Bagneux, en région parisienne, où j'ai constaté à quel point il était aimé et respecté dans sa famille. Il avait fait une maladie hématologique qui l'avait terrassé en quelques semaines, sans rémission.

---

[3] *De l'Ariana à Galata.* Georges Cohen. Racines édit. 1993.
[4] *C'était hier à Tunis.* Anfortas. 2016.

Je garde un souvenir ému et affectueux de cet ami si discret et vrai. Nos parcours aux scouts quand nous étions enfants, universitaires plus tard, auteurs de romans enfin, nous ont laissé une façon de fraternité qui a résisté à l'éloignement physique et au temps. Nos nationalités et le judaïsme nous avaient rapprochés, mais nos professions étaient différentes, il habitait la région parisienne, et moi, à Reims, mais nous n'avons manqué aucune occasion de nous rencontrer.

12 – Jules L.

Tous deux tunisiens, nous avions partagé par hasard la même chambre à la cité universitaire pendant les premières années de nos études de médecine, après le PCB. Nous étions logés au pavillon de la France d'outre-mer, en majorité occupé par des Africains et dont la salle des fêtes est magnifique.

Contrairement à moi, Jules ne concourait pas à l'externat.

Lorsqu'on a passé avec succès le concours annuel, on est nommé externe et on exerce dès la troisième année de médecine des fonctions hospitalières qui consistent à rédiger les observations des malades hospitalisés ou en consultation. L'externe participe à l'activité de l'équipe médicale qui a tout à lui enseigner.

Le concours suivant est l'internat, facultatif bien sûr. Il se prépare avec des conférenciers, anciens internes ou anciens chefs de cliniques, moyennant une rémunération modique.

L'avantage de l'externat est le contact des malades qui permet une meilleure formation au métier de médecin puisqu'on assiste, très jeune, à l'exercice des aînés : internes, chefs de clinique, assistants et chefs de service.

Jules n'avait pas concouru. Il se contentait de suivre les cours dispensés dans les amphithéâtres de la faculté et de passer les examens de fin d'année pendant six ans, dans les différentes disciplines enseignées. Il faut noter que, ce faisant, il avait devancé l'organisation nationale des études médicales, puisque, à présent, tous les étudiants en médecine exercent les fonctions d'externe sans avoir eu à passer le concours. On pourrait estimer qu'on a nivelé par le bas la formation des étudiants en médecine, en revanche, ils ont à présent acquis des postes de responsabilité dans les services hospitaliers, ce qui n'existait pas avant, si l'on n'avait pas été reçu au concours de l'externat.

C'était un beau garçon, très brun, musclé et aimable avec tout le monde, quoi qu'il pense de chacun – dont il me faisait part à l'occasion. Il était attiré par la gent féminine, se montrait affable et complimenteur. On avait souvent l'occasion de rencontrer des filles à la Cité universitaire ou à la Faculté. Il aimait parler, même à des inconnues, mais il n'a – à ma connaissance – jamais eu de relation suivie avec l'une d'entre elles. Il m'avait raconté qu'il lui était arrivé de se séparer d'une amie prête à le suivre, au retour de la cafétéria, pour assouvir un pressant besoin intestinal.

Il m'avait dit qu'il aimait une Tunisienne de son âge qu'il espérait épouser, une fois ses études terminées. C'était une charmante jeune fille de l'Ariana, comme lui – proche banlieue de Tunis très prisée par les juifs – avec qui il s'est par la suite effectivement marié.

Une fois médecin, il s'était installé pas très loin de mon appartement qui était dans le IXe arrondissement de Paris. Nous étions contents de nous rencontrer, mais nous ne nous sommes jamais vraiment fréquentés. Lui et sa femme étaient amis d'une de mes cousines, également de l'Ariana.

Jules et ma cousine m'ont dit qu'ils avaient l'intention de venir nous voir ensemble à Reims. À présent, quand je repense à leur projet avorté, je me demande pourquoi je ne les ai pas invités moi-même à prendre le train ou une voiture pour un repas chez nous ou au restaurant dans la ville des Sacres.

J'avais appris, un ou deux ans plus tôt, qu'il était malade, puis un ami commun m'a informé via Facebook qu'il était décédé. Ma cousine, qui est une amie intime de Jules et de sa femme, ne m'avait pas informé ; on peut remettre au lendemain l'annonce d'une mauvaise nouvelle.

Notre amitié, à Jules et moi, est l'exemple typique d'une amitié qui n'a pas été suivie d'une fréquentation. Je crois en être responsable, parce que je n'ai pas donné une fête à l'occasion de mon mariage, à ceux de mes enfants non plus. J'ai eu le tort de ne pas m'être créé plus d'occasions de réunir mes amis comme je l'aurais dû. Et puis, j'ai sûrement donné à Jules l'image d'un bosseur qui ne recherche pas les rencontres avec les anciens de Tunis, qu'on appelle à présent les « Thunes ».

À la suite de son décès, j'ai écrit une lettre à sa femme en lui exprimant mes condoléances et ma peine restée aussi sincère. Nous étions de vrais amis, malgré nos études de médecine différentes, moi m'étant présenté à tous les concours jusqu'au niveau de professeur, lui médecin généraliste formé à la Faculté. Pourtant, je partage avec Jules le goût des rencontres et des fêtes, mais j'ai consacré presque tout mon temps au travail qu'exigeaient les concours et le service hospitalier dont j'avais eu la direction.

13 – Louis M.

J'ai connu Louis qui m'a été présenté par une technicienne du laboratoire de recherche de l'Inserm[5] de l'hôpital Bichat, où j'avais été responsable du service de microscopie électronique. Ils se sont mariés et partageaient leur temps entre Paris et la Côte d'Azur.

C'était un garçon charmant, doux et apte à tout écouter et prêt à raconter ce qu'il savait. Il était originaire de Nice, où j'ai vécu le temps de préparer et de passer la première partie du bac. J'avais un prof de lettres, Hervé Le Rey, qui m'avait fait aimer le français et le latin au Lycée Masséna, Louis l'avait eu aussi, huit ans plus tard et il avait éprouvé pour cet enseignant le même enthousiasme. Nous en avons beaucoup parlé. Malgré cela, aucun de nous n'est devenu professeur de français : moi, médecin, et lui, ingénieur en matières plastiques.

C'est comme ça, outre la connaissance de son épouse, par Hervé Le Rey, qu'on s'est rapprochés et que j'ai aimé parler de Nice avec lui : nous en étions pourtant loin, lui à Paris et moi à Reims. Néanmoins, Le Rey a représenté un lien solide entre Louis et moi.

---

[5] Inserm : Institut National de la Santé et de la Recherche Médicale.

Mon ami a fait un cancer du côlon ; il en est mort, malgré une opération qui a enlevé la tumeur. J'ai partagé le désarroi de sa femme, en plus de mon sentiment de culpabilité qui est tout à fait personnel. Car je m'étais promis depuis longtemps de pousser mes amis à avoir une coloscopie vers la cinquantaine, même s'ils n'avaient aucun symptôme. En effet, ce cancer est très fréquent dans la population, au deuxième rang chez l'homme, après celui de la prostate, et chez la femme, après le cancer du sein. Or, il ne procure longtemps aucun symptôme. Sa croissance silencieuse dure des années. Il peut être détecté par simple coloscopie dès son début, quand il est encore inoffensif, grâce à cet examen sans risque. En fait, je ne suis arrivé à pousser aucun de mes amis à se faire pratiquer une coloscopie, lorsqu'ils n'avaient aucun symptôme. Discrétion, timidité, peur de rompre une relation que je préfère laisser hors de la médecine ? Va savoir ! Me voilà donc supportant ma culpabilité, en plus de la peine de perdre un ami qui m'était « un pays » : car je n'ai jamais oublié l'enchantement que m'avait laissé ma vie à Nice quand j'avais 17 ans.

J'ai eu Louis pour ami, grâce à notre commune estime pour Nice et pour le prof de français-latin que nous avons eu – lui huit ans après moi – au lycée Masséna de Nice, et aussi grâce à la personnalité affable de Louis, qui m'a été proche. Enfin, je suis resté en relation avec sa charmante épouse que je connais depuis ma fréquentation de l'Unité de recherche de l'hôpital Bichat.

14 – Nathan S.

J'ai appris à parler anglais en juin 1943 avec les soldats que j'invitais chez moi, encouragé par mes parents à ouvrir notre foyer à nos libérateurs. La Tunisie n'était plus occupée par les Allemands et Tunis avait cessé d'être bombardée par les Alliés qui visaient le port et débordaient souvent sur la ville. Comme les copains, je repérais leurs uniformes, mais j'abordais indifféremment Anglais et Américains pour les inviter à la maison. Certains sont restés longtemps amis de mes parents. L'anglais que nous parlions n'était pas académique ; il était de plus assorti de beaucoup de gestes. J'avais 10-11 ans, j'ai appris l'anglais parlé, peut-être plus l'accent que le vocabulaire. C'est ainsi qu'en classe de sixième, lorsque le professeur d'anglais m'a demandé mon nom, je l'ai prononcé avec un accent américain qui a fait rire la classe et qu'ont reproduit mes camarades pendant plusieurs années.

Nathan et moi étions dans la même classe et le sommes restés jusqu'à la seconde, où il a présenté le bac. Il a pu sauter la classe de première et moi, mes parents m'ont emmené à Nice. Nathan était un bûcheur acharné. Ma tentative de le déloger de sa place de premier à la composition d'anglais s'était soldée par un échec : j'étais deuxième.

C'était une contrariété qui m'est restée longtemps sur l'estomac. Je me suis consolé quand j'ai su qu'il était devenu professeur d'anglais, d'abord en Tunisie, puis comme tous les autres en France.

Nous nous sommes plus tard rencontrés à la Cité universitaire de Paris, pendant nos études secondaires, mais nous n'avions pas grand-chose à nous dire. Il devenait professeur d'anglais et moi, étudiant en médecine.

Je ne sais plus à quelle occasion j'ai repris contact avec lui, il y a quelques années. Il venait d'avoir une maladie pulmonaire aiguë. Nous nous sommes donné rendez-vous à Neuilly, dans un café, en face de la maison de son fils qui habitait au troisième étage sans ascenseur.

Nathan l'attendait, car il ne pouvait plus emprunter les escaliers à cause d'une insuffisance respiratoire, séquelle de la pneumopathie aiguë. Il était accompagné d'une femme que j'ai reconnue pour être sa voisine, avec qui il s'était marié : elle avait reçu Paulette pour prénom, mais voulait être nommée Paule.

J'ai eu Nathan, par la suite, plusieurs fois au téléphone, nous avons évoqué nos souvenirs de lycée. Il m'a dit qu'il n'oublierait jamais le jeune homme de 16 ans, bon élève, qui avait mis au pluriel un substantif comme s'il s'agissait d'un verbe – il a cité les tomates –, en écrivant « tomatent ». Cinquante ans avaient passé et il s'en souvenait. Je suis sûr qu'il n'a pas oublié ma déception à la composition d'anglais, mais il ne m'en a pas parlé.

Il m'a téléphoné plusieurs fois : j'étais heureux d'échanger des souvenirs sur nos professeurs du Lycée Carnot et sur nos camarades les plus turbulents.

Il me disait chaque fois qu'il appréciait nos échanges, mais moi j'entendais son souffle court qui me peinait.

Sa fille m'a joint au téléphone pendant que j'étais dans le train Reims-Paris. Elle m'a annoncé le décès de Nathan et j'ai partagé sa peine, je perdais un ami précieux et solide.

Dans son cas encore, le temps n'avait rien changé à nos relations amicales. Sa famille ne s'est pas trompée non plus : sa fille m'a dit que j'avais été un des premiers qu'elle avait informés du décès de son père.

15 – Gabin S.

C'était un personnage attachant qui assurait la consultation de proctologie, c'est-à-dire des maladies de l'anus et de la partie terminale de l'intestin. Il était un des membres du service des maladies digestives de l'hôpital Bichat.

Cette consultation était située au sous-sol, au niveau de nos vestiaires. Un homme du monde spécialiste exerçant dans le XVIe arrondissement, cantonné dans les sous-sols : l'Assistance publique a toujours manqué de moyens. Je descendais d'abord pour accompagner mes patients, puis je me suis pris d'un grand intérêt pour cette discipline concrète, pratique, souvent apparentée à la chirurgie. Nous n'avons pas tardé à nous lier d'amitié. Pour le reste, ses connaissances devaient être vastes, car les maladies de l'anus ne doivent pas être attribuées aux seules hémorroïdes. Celles-ci sont pourtant désignées par les patients à propos de tous les symptômes de la région.

J'assistais à sa consultation hebdomadaire chaque fois que je le pouvais et j'apprenais toujours quelque chose. Je ne suis pas devenu proctologue pour autant, mais j'avais acquis assez de connaissances pour examiner le patient et établir moi-même le diagnostic quand le malade se plaignait de la région.

J'admirais la façon délicate et rassurante que Gabin avait de recevoir les patients qu'on lui envoyait, tous très inquiets rien qu'à l'idée d'exposer une région si intime de leur anatomie.

Il recevait chez lui beaucoup de ses amis et collaborateurs au cours d'apéritifs dînatoires. Sa femme, très belle et d'une extrême gentillesse avec tout le monde, ajoutait au charme de ces cours instants de détente. Quelques années plus tard, elle a fait un accident cérébral infectieux dont les séquelles ont occupé beaucoup du temps de Gabin.

J'ai lu à l'époque un article américain sur une nouvelle méthode de traitement des hémorroïdes, différent de tous les autres, par ligature élastique. Je lui en ai parlé et il a été comme moi séduit par le concept. Il a fait fabriquer le petit instrument qui permettait de l'appliquer et il l'a utilisé depuis, ne manquant pas de faire des émules parmi ses élèves.

Il a écrit un excellent livre sur sa spécialité. Je lui ai demandé une dédicace ; elle est savoureuse : « À Paul Zeitoun, proctologue par amitié. » Je l'ai offert par la suite à l'un de mes assistants qui quittait le service pour aller s'installer et qui s'était intéressé à la spécialité.

La dernière fois que j'ai eu des nouvelles de Gabin, c'est quand sa fille m'a téléphoné à l'hôpital Robert Debré, à Reims. J'étais en consultation. L'appel est heureusement tombé entre deux patients, la fille de Gabin m'annonçait le décès de son père d'une cardiopathie infectieuse dont il m'avait informé. J'ai tout de suite fondu en larmes. Elle avait dû dire à ma secrétaire l'objet de la communication, pour qu'on me dérange directement sur mon poste.

16 – Isaac K.

Je ne connaissais pas Isaac avant de le rencontrer dans le service de gastro-entérologie, au cours de la visite du patron : on lui avait donné une blouse blanche et il écoutait l'exposé de l'interne et les questions posées au patient alité par le chef de service. Lui et le patron devaient se connaître de longue date, mais je n'avais pas cherché à savoir ni comment ni depuis quand.

C'était un généraliste pas jeune, installé depuis peu dans la région parisienne. Bavard, il prenait part sans aucune gêne aux discussions que nous tenions, une fois sortis de la chambre occupée par le malade ou à distance de son lit. Je trouvais ses remarques et suggestions toujours pertinentes, témoignant d'une culture médicale d'un niveau élevé. Il allait parfois jusqu'à suggérer un diagnostic ou un traitement avec des arguments que nous avions pu négliger.

Une fois la visite terminée, originaires tous les deux du même pays, nous avons échangé dans mon bureau l'historique de nos parcours. C'est ainsi qu'il m'a appris son exercice libéral à Sfax, dans le sud de la Tunisie, qu'il avait dû quitter en abandonnant une importante clientèle. Les guerres d'Israël et d'autres circonstances l'avaient poussé à émigrer, comme la majorité des juifs de ce pays.

J'ai appris plus tard le fait précis qui l'avait décidé de tout abandonner pour venir en France. Pendant les troubles qui avaient suivi l'accession des Tunisiens à l'indépendance, il avait subi une menace anonyme d'une particulière violence. C'était un beau jour d'été, lui et sa famille avaient laissé la voiture sur un parking pendant qu'ils s'étaient rendus à la plage, pas loin. À son retour, Isaac avait trouvé sous un essuie-glace le dessin d'un visage dont un des yeux avait été crevé par une cigarette allumée. Non religieux ni sionistes, et plutôt favorables à l'idéologie communiste, lui et sa femme n'avaient pas envisagé d'émigrer en Israël. En revanche, l'un et l'autre très cultivés et amoureux de la France, il leur avait paru tout à fait normal de choisir ce pays, s'ils décidaient de quitter la Tunisie.[6] Je ne l'ai pas interrogé sur l'organisation pratique et financière de son départ pour la France avec sa famille. Je suis certain que d'autres changements, peut-être subtils, dans sa relation avec sa clientèle avaient participé à leur décision. J'ai ignoré également comment il avait trouvé la reprise d'un cabinet de médecin généraliste dans la région parisienne.

Il s'était finalement installé à Vincennes où il avait très vite recruté une clientèle nombreuse. Nous avions sympathisé tout de suite et j'étais content de le voir fréquenter le service où j'exerçais le rôle d'assistant.

Isaac avait bientôt acquis une maison de campagne près de Dourdan où ils nous ont souvent invités à passer le dimanche avec eux. Ma femme et la sienne, Lucette, s'entendaient bien et s'arrangeaient pour nous préparer un bon repas, comportant souvent un méchoui.

---

[6] Georges Khayat. *Un médecin à Sfax*. L'Harmattan éditions. 2005.

Très vite, nous nous sommes rencontrés en famille pendant les week-ends. Ils avaient trois enfants : deux filles presque adolescentes, et un petit dernier, garçon turbulent et amusant, encouragé dans ses excentricités par les applaudissements de toute la famille. Je me souviens d'y avoir une fois apporté une grosse boîte de caviar qu'une cliente iranienne, mère d'un externe, m'avait offerte pour me remercier d'un conseil sur ses troubles digestifs.

J'ai gardé un excellent souvenir d'Isaac et de sa sympathique famille. Pas ma fille, un peu plus âgée que leur garçon, dont les excentricités amusantes pour la famille lui faisaient peur, ce qu'elle m'a dit des années plus tard.

Isaac nous a raconté son retour à Sfax, où il a enfin consenti à aller, une dizaine d'années après l'avoir quitté. Il avait rencontré des amis, des confrères et des patients. Tous l'avaient accueilli avec une chaleur telle qu'il décrivait ce voyage au pays comme un véritable triomphe. Je le connais suffisamment pour savoir qu'il exagérait toujours les faits qui flattaient son ego. Ce trait de caractère devenait de plus en plus marqué et même excessif avec le temps. Il a peut-être participé à ce que nos rencontres soient devenues progressivement moins fréquentes. Notre départ de Paris pour Reims a également réduit les occasions de nous revoir.

Le 7 janvier 2015, ma famille et moi avons été frappés et endeuillés par la mort de leur fille Elsa, psychiatre de Charlie Hebdo, tuée lors de l'attentat terroriste islamiste. Je connaissais bien Elsa, qui était venue seule à Reims pour nous consulter avant d'entamer ses études de médecine ; nous l'avions bien sûr fortement encouragée. Mon fils, approximativement du même âge qu'elle, est allé assister à son enterrement au cimetière de Montparnasse, mais nous n'avons pas pu joindre nos amis qui s'étaient retranchés dans la douleur et le silence.

Après un long éloignement de nos relations, restées amicales, Isaac nous a invités à venir fêter ses 90 ans avec sa famille. Il l'a fait avec une exubérance qui m'a paru être devenue encore plus pressante. Nous n'étions pas disponibles, mais aussi un peu gênés de participer à une fête, alors que nous n'avions pas parlé d'Elsa avec eux et que nous en étions encore à nous lamenter de son assassinat.

Je ne sais pas de quoi ni comment Isaac est décédé. Il avait environ 95 ans, mais un gériatre m'a appris qu'on ne meurt pas de vieillesse, mais de maladie, même lorsqu'on est âgé. Je ne connaissais pas la sienne.

Ma femme a gardé le contact avec Lucette. Elles se téléphonent souvent et auront sûrement l'occasion de se voir à Paris quand les précautions liées à la Covid-19 ne seront plus aussi pressantes.

Mes enfants, autant que nous, sommes très sincèrement attachés à leur famille. Les Tunisiens de Sfax ont la réputation d'être travailleurs, un peu vantards et un peu avares. Isaac n'avait pour trait principal que celui d'aimer être admiré et même d'aller jusqu'à solliciter des compliments. Il n'était sûrement pas paresseux, pour avoir tant lu et acquis une vaste culture en plus d'une grande clientèle. Sa quête de compliments a dérapé parfois, par exemple lorsqu'il me lisait au téléphone un poème qu'il venait de composer : je suis son ami et je l'ai écouté.

17 – Julien T.

Julien avait à peu près mon âge : nous nous sommes connus chez des amis, son couple et le mien, à l'occasion d'un dîner ou d'une fête, je ne me souviens plus. Je le revois, racontant des histoires assez paillardes qui faisaient éclater de rire certains, seulement sourire Anne, sa femme, qui avait l'air de penser « la barbe ! », et d'autres qui devaient trouver la soupe trop pimentée ou connaître déjà l'histoire. Les plus hardis autour de la table osaient un commentaire qui ajoutait une note lubrique de plus. Anne le taquinait parfois en faisant remarquer qu'il n'avait pas sorti celle où…, celle qui…, etc. Il la remerciait parfois en lui servant de mots gentils comme « ma canne » ou « ma merlette » et continuait dans le même registre, jusqu'à ce qu'un convive lui subtilise la parole.

Julien, qui aimait s'amuser en compagnie de bons vivants, était moins gai lorsqu'on se voyait en petit comité, seulement à nous quatre ou à nous deux. Il se plaignait alors souvent de fatigue. Je l'interrogeais, mais n'arrivais pas à m'orienter vers un diagnostic possible. D'ailleurs, il n'en demandait pas tant, il se vantait d'avoir trouvé le traitement – le Sargénor – et a fini par me demander de lui en établir une ordonnance. Comme le fait un placebo dans l'essai clinique d'une nouvelle molécule, ce médicament doit, comme d'autres, sa réputation et sa fortune à la conviction de l'acheteur – je n'ose pas écrire « patient » ni « malade », car presque tous ne l'étaient point. Prescripteur de cette spécialité, j'avais acquis un patient convaincu pour nous deux. Je m'étais même dit que j'allais en prendre moi-même pour en faire l'expérience, mais je n'ai jamais mis ce projet à exécution.

Lors de nos premières conversations, Julien m'a appris qu'il avait quitté une grande entreprise de produits pharmaceutiques – j'ai eu parfois l'impression qu'il regrettait cette décision – et qu'il avait fondé sa propre affaire, qui vivotait. Il m'a même demandé de lui prêter de l'argent, ce que je me suis bien gardé de faire, fidèle au principe de mon père de ne jamais mêler l'argent avec l'amitié, ni avec d'autres sentiments.

Julien était un assez beau garçon qui courait le jupon à l'insu de sa femme, qui nous laissait entendre qu'elle n'était pas dupe. Petite et nerveuse, elle trouvait des raisons sérieuses ou futiles pour lui voler dans les plumes, peut-être sa vengeance. Il faut dire qu'elle n'épargnait personne, ce qui la rendait souvent amusante, parfois excessive et ennuyeuse. Leur fille d'une dizaine d'années était sympathique et douce, mais elle paraissait mal supporter la discorde de ses parents et les cris de sa mère. Beaucoup plus tard, à l'occasion d'un autre séjour en Haute-Savoie, dans un pavillon prêté par un de nos amis, nous nous sommes retrouvés entourés de neige et pas loin d'une rivière. Nous n'avons pêché qu'une journée, entre les cailloux couverts de neige. Chacun de nous deux a pris une truite.

Julien et Anne étaient attirés par tous les exploits qui auraient pu nous rendre jaloux ; ils sont partis plusieurs fois skier de col en col et revenaient fourbus. Je crois qu'ils étaient heureux d'avoir skié ensemble sans se faire de reproches.

Julien m'a fait connaître les chaussures de varappe, nous nous y sommes essayés avant un repas sur l'herbe dans la forêt de Fontainebleau.

Il m'a aussi proposé de partir ensemble pêcher le « gros » aux USA, sans nos femmes, bien sûr. Cela m'a paru une excursion plutôt coûteuse et un peu téméraire, car Julien, bien que sûr de lui, ne s'y était jamais risqué. Il ignorait les conditions locales de cette pêche au point que, malgré la tentation, je n'ai pas voulu me laisser entraîner. Il a d'ailleurs assez vite abandonné ce projet ; je crois qu'il n'a pas trouvé un autre compagnon.

L'année suivante, nous avons passé ensemble quelques jours près de Cancale. Une fois de plus, Julien m'a surpris en sortant un canot pneumatique du coffre de sa voiture. Et nous voilà partis d'abord à le gonfler, puis à embarquer, pourvus d'un grand seau et de solides lignes de fond. Nous n'avons pas pris de poisson, mais nous avons rencontré au large un grand nombre de poissons-lunes qui exposaient un côté puis l'autre de leurs flancs au soleil et paraissaient narguer nos lignes de fond. Julien a essayé d'en attraper un à pleine main, au risque de passer par-dessus bord, mais n'y est pas arrivé. J'ai pris conscience que notre partie de pêche tournait au batifolage enfantin : nous avons privé les Américains de grands éclats de rire.

Ma femme m'a appris plus tard que Julien lui avait fait « du pied » sous la table pendant cette cohabitation. Nous avons décidé de ne pas donner suite. Il se trouve que, sans nous concerter, nous ne sommes plus partis en vacances avec eux.

J'étais chez ma mère à Paris quand j'ai reçu un appel de Julien qui m'a bien embarrassé. Il avait été admis à l'hôpital américain de Neuilly et devait être opéré au début de l'après-midi en cette veille de Noël. Comment avait-on pris une telle décision alors qu'on devait manquer de personnel ? J'ai su par le peu qu'il m'a dit et par sa femme qu'il avait depuis quelques jours des douleurs au ventre, le teint jaunâtre et de la fièvre. Il était entré à tout hasard en consultation il avait été reçu par un chirurgien qui était disposé à l'opérer. Il avait donné son accord et m'a téléphoné quelques heures avant d'entrer en salle d'opération. Je lui ai dit franchement que dans ces circonstances, je ne pouvais pas donner un avis ni venir le voir, sauf bien sûr si le chirurgien m'appelait. J'ai prononcé finalement ces mots qui ne me sont pas coutumiers et que je n'ai jamais oubliés : « au point où tu en es, tu es maintenant entre les mains du seigneur ». J'ai reçu deux jours plus tard le compte rendu opératoire. Le chirurgien avait trouvé comme prévu une vésicule biliaire lithiasique et des calculs dans le canal cholédoque par lequel la bile s'écoule du foie au duodénum – début de l'intestin. Ce n'était pas tout : le chirurgien avait découvert un diverticule du duodénum. Voulant sans doute établir la prouesse de traiter la lithiase et de mettre le patient à l'abri d'une complication du diverticule – elles sont si rares qu'on les néglige –, il a procédé à une intervention complexe, court-circuitant le duodénum.

Julien était encore en réanimation quand j'ai téléphoné. Je savais qu'il avait peu de chances de survivre à cette opération supplémentaire, décidée par un trop jeune et hardi chirurgien. Aucun de mes opérateurs ne se serait lancé dans une telle aventure dans un champ opératoire septique.

Mon ami est décédé quelques jours plus tard. L'erreur du chirurgien, c'était une opération inutile et risquée. Je suppute qu'il était jeune, car il me paraît certain qu'il ne fallait pas se soucier du diverticule duodénal quand on opérait déjà une vésicule biliaire infectée, donc en milieu septique.

Qu'est-ce qui s'est passé dans la décision de mon ami d'aller consulter directement un chirurgien, le seul sans doute disponible à Noël ? Pourquoi ne m'a-t-il pas mis au courant de ses douleurs abdominales résistant au Sargénor ? Comment Julien a-t-il pu ignorer qu'on disposait d'interventions endoscopiques – par les voies naturelles – infiniment moins dangereuses, entre les mains de médecins entraînés ? Pourquoi m'a-t-il téléphoné si tard, au cours du déroulement de la maladie ? Et la malchance s'est acharnée : un chirurgien audacieux, le jour de Noël, et un patient porteur d'une anomalie duodénale très banale qu'il fallait ignorer.

Trente ans plus tard, je suis encore malheureux des circonstances abominables qui se sont liguées pour conduire à la mort un ami sympathique qui aurait eu quatre-vingt-dix chances sur cent de guérir, si un spécialiste de l'endoscopie l'avait entrepris.

18 – Théo B.

Il est tombé parmi nous en classe de cinquième, ce jeune Français de France. J'écris « de France » à son propos, parce qu'il était lycéen pour la première fois au Lycée Carnot de Tunis. Il avait le teint plus pâle que le nôtre et sa façon de parler était plus recherchée que celle des camarades, qui traînaient plus ou moins un accent un peu plus chantant et appuyé. Son visage était plus enfantin que le nôtre, qui était plus ou moins doté d'une ombre de poils sur la lèvre supérieure. Il s'avéra être un élève sérieux. Je suppose qu'il le fut aussi en classe d'allemand qu'il entama l'année suivante comme deuxième langue. C'était un garçon attentif à tout, qui aimait tout apprendre et que les plus malins de la classe trouvaient un peu naïf. Nous ignorions, en tout cas, que nous aurions l'occasion de nous rencontrer à trois reprises au long de notre vie.

Je n'ai pas, en effet, de souvenirs de nos relations à Tunis, mais pendant que nous étions encore adolescents nous nous sommes fréquentés en France, où ma mère m'avait emmené, à Luchon, sur les conseils d'un spécialiste ORL. Je ne me plaignais de rien, mais elle voulait soigner un raclement de gorge ou quelques rhumes trop fréquents, selon elle, ou je ne sais quel autre symptôme.

Il faut dire que depuis l'âge de 10 ans, elle veillait sur moi de façon un peu excessive, peut-être à cause de mon souffle au cœur, à la suite d'un rhumatisme aigu. Je ne connais pas en détail les recommandations des médecins qui l'ont rendue aussi attentive à ce que je ne fasse aucun effort.

Pâle et de taille moyenne, Théo ne faisait pas de bruit et suivait les cours avec attention. C'était un bon élève. Son nom, Bourgel, nous paraissait avoir une consonance nord-africaine qui ne s'accordait pas à son aspect qui était on ne peut plus *francaoui* – argot tunisien pour « Français de France ».

Nous ne nous sommes plus vus après le PCB – année préparatoire à l'entrée à la faculté de médecine de Paris ou d'Alger. En effet, il m'a dit, une fois réussi son PCB, qu'il partait pour Lyon où il allait faire des études de médecine militaire.

Je l'ai retrouvé vingt ans plus tard, pendant que j'étais assistant puis chef de service au CHU de Reims. J'ai appris qu'il avait ouvert en ville un cabinet médical de pneumologie. Nous nous sommes revus avec plaisir et nous les avons reçus, lui et sa femme Sylvie qui est rémoise. Ils s'étaient mariés, je crois, pendant que Théo faisait ses classes à Reims. Quelques années plus tard, il avait remplacé pendant trois ou quatre ans, dans son service, le professeur de pneumologie quand ce dernier fut parti en retraite. Nous ne nous fréquentions pas, à l'époque, mais nous nous tenions mutuellement au courant de notre évolution.

Nous nous sommes retrouvés lorsque nous avons été tous les deux retraités. Théo était doux et persuasif ; il insistait pour que je l'accompagne à des conférences que donnaient de célèbres orateurs que je ne connaissais pas ou seulement par leur nom et par leurs articles dans des revues. J'avais du respect pour la culture de Théo. Il venait souvent me chercher en voiture et nous allions à la Faculté de lettres dont l'architecture en grandes écailles élégantes nous accueillait.

J'ai compris l'origine de son nom près de cinquante ans après l'avoir connu. C'était à Reims, où nous étions tous les deux retraités et où nous nous rencontrions souvent, quand il m'a dit au milieu d'une conversation :

— Ma grand-mère s'appelait Messaouda.

Il ne m'a rien dit de plus au sujet de cette grand-mère juive d'Afrique du Nord, comme moi, sinon qu'elle était algérienne. J'ai donc imaginé tout seul le parcours de sa famille, avec le peu de renseignements que j'ai obtenus de lui. Il n'aimait pas en parler ; une sorte de secret de famille. Elle avait quitté, très jeune, sa famille algérienne et s'était installée à Toulouse. Était-elle enceinte dès ce premier épisode ? En tout cas, elle avait mis au monde un enfant qui allait être le père de Théo, à qui elle avait donné son patronyme.

Le père de Théo était militaire – je ne l'ai rencontré qu'une seule fois ; il portait l'uniforme. Théo avait donc hérité du patronyme que sa grand-mère avait importé d'Algérie. Il ne m'a jamais parlé du grand-père, celui qui avait fait l'enfant qu'avait porté sa grand-mère. A-t-il disparu ou est-il resté en Algérie ? Lui-même n'avait pas fouillé dans les souvenirs de sa grand-mère quand elle avait vécu chez ses parents, lorsqu'ils habitaient à Saint-Quentin. J'ai compris plutôt qu'on n'en parlait pas en famille ou que Théo ne voulait pas me mettre au courant de détails qui ne me regardaient pas.

J'ai rencontré un jour, par hasard, mon ami dans les couloirs du service de gastro-entérologie que je dirigeais depuis quelques années. Il venait prendre rendez-vous pour une gastroscopie et il cherchait le secrétariat. Je l'ai accompagné pour qu'on lui fixe un rendez-vous avec moi. J'ai trouvé une grosse tumeur de l'estomac qui s'est révélée être un lymphome malin. Quelques jours plus tard, en consultation, je lui ai dit le résultat et mon conseil de consulter un grand spécialiste parisien : Jean-Claude Rambaud, qui exerçait à l'hôpital Saint-Lazare, dans le service du professeur Bernier.

Après plusieurs discussions dans leur service, une gastrectomie totale a été décidée, plutôt qu'une chimiothérapie. L'opération a été pratiquée dans le service de chirurgie du CHU de Reims. Il n'y a pas eu de traitement médical et il a été soumis à un régime alimentaire adapté à son nouvel état digestif. Mon ami ne m'a pas demandé conseil à propos de ce régime et j'ignore s'il l'a bien suivi. Je crois qu'il n'aimait pas que je le conseille.

Au bout de quelques mois, je n'ai pas senti qu'il s'éloignait de moi, mais je le voyais moins souvent. Je m'étais aperçu qu'il avait moins d'allant quand je lui présentais d'autres amis, des collègues de l'hôpital ou d'anciens élèves à présent médecins libéraux. Il devenait silencieux, plaçant un mot de-ci de-là, mais sans la verve que je lui avais toujours connue. Je l'ai senti progressivement fatigué et irritable.

Sans que rien ne le laisse présager, j'ai reçu un coup de téléphone de sa femme pour me dire qu'il était mort. Il venait d'être hospitalisé et elle venait d'être informée que la cause de la mort était un cancer du poumon. La pauvre Sylvie voulait que j'aille me faire confirmer ce diagnostic, mais cela m'a été impossible, pour diverses raisons.

Pour son enterrement, la famille s'est réunie simplement autour de la tombe ; j'étais le seul étranger. J'ai revu sa femme, sa fille et sa petite-fille devenue une grande et belle fille dont j'avais connu le prénom à sa naissance. Sylvie a lu un texte œcuménique associant les religions catholique et juive. Tout était simple, tout était amical et affectueux.

J'ai revu Sylvie depuis, rencontrée par hasard dans Reims, ou que j'ai pu joindre au téléphone.

19 – René D.

Lorsque j'ai été nommé à la tête du service des maladies digestives, il me fallait trouver un proctologue, c'est-à-dire un spécialiste des maladies de l'anus et du rectum – derniers centimètres de l'intestin. Tout naturellement, j'ai demandé à René D. d'occuper cette fonction qu'il exerçait parfaitement en pratique de ville. Il avait à peu près mon âge et je le connaissais par l'intermédiaire de Louis S. auquel il était associé. Il avait déjà été recruté par le centre anticancéreux. Il hésitait à donner une réponse favorable à ma proposition d'exercer pour le service hospitalier que je dirigeais.

La principale raison était son amitié avec le troisième associé qui avait espéré se voir attribuer le poste de chef de service que j'occupais. Le dossier de ce postulant n'avait pas été accepté par la commission nationale, à cause de son insuffisance de publications scientifiques personnelles. Il s'était consacré à régner sur l'endoscopie digestive dans le service tenu par un professeur de médecine interne qui ne l'avait pas aidé ni conseillé. Bref, René D. craignait sans doute de froisser la sensibilité de son associé, s'il acceptait d'exercer dans le service que je dirigeais, à présent objet de l'hostilité absolue de cet ami.

René était mon ami, mais je ne voulais pas me servir de notre attachement mutuel pour l'attirer à l'hôpital, ce qui aurait été considéré comme un signe de supériorité de la médecine hospitalière sur celle de la ville et, bien pire, une victoire sur le collègue qui avait espéré mon poste de professeur.

Pour le convaincre, je lui ai fait valoir que c'était à l'hôpital que se trouvaient les internes, c'est-à-dire les futurs spécialistes qui seraient bientôt recrutés en ville dans leur équipe ; c'était là qu'il fallait les connaître et les former. Il a finalement accepté la fonction d'attaché, c'est-à-dire de prendre le rôle important de proctologue de l'hôpital et d'enseignant de la spécialité qu'il avait pratiquée depuis vingt ans.

Il a pris la décision de faire une consultation hebdomadaire dans le service. Il a très vite eu un bon recrutement de patients envoyés non seulement par le service de gastro-entérologie, mais également par les services hospitaliers dont les patients se plaignaient « d'hémorroïdes », ce qui recouvrait une foule de diagnostics et de traitements.

René était un peu pêcheur, comme moi. Il a eu l'amabilité de m'inviter à l'accompagner pour tâter la carpe dans l'étang d'un cousin, dans la région. Nous n'avons pris que du menu fretin, mais nous avons passé un moment agréable ensemble, sous un ciel menaçant.

Quelques mois plus tard, n'ayant pas de ses nouvelles depuis longtemps, je lui ai téléphoné. J'ai eu sa femme qui m'a informé du décès récent de René, à la suite d'une complication d'une maladie de Parkinson. J'ai été désolé de n'avoir pas été proche de cet ami si gentil.

20 – Charles P.

C'était mon voisin. Il habitait le même immeuble, mais dans le bâtiment adjacent : j'étais au 7 de la rue, et lui, au 9. Je le rencontrais au garage qui était commun aux deux bâtiments. Il rangeait beaucoup de denrées dans son box muni d'une porte à ouverture électrique commandée à distance. Pressé comme tout le monde, il actionnait l'ouverture avant d'y arriver, si bien que je l'attendais quand je voyais s'ouvrir la porte de son box. Il y descendait souvent, pas seulement pour sortir sa voiture ; il y récupérait des bouteilles d'eau, des denrées alimentaires et d'autres objets à usage domestique : je ne me suis jamais occupé de ce dont il s'était chargé, lorsqu'il quittait à pied son garage. Je ne suis pas d'un naturel curieux.

Nous avions l'un pour l'autre des attentions marquées : il me traitait de professeur en s'inclinant, je lui attribuais une réussite dans les affaires du commerce, sans bien savoir de quelles affaires il s'agissait. Je ne le lui ai jamais demandé. Ce dont j'étais certain, c'est que nous étions tous les deux en retraite et pouvions prolonger nos conversations de garage sans avoir le sentiment de voler un patron ni d'être attendus par une secrétaire ou par des clients.

Sa femme était très douce et sa voix témoignait d'une gentillesse permanente, même lorsqu'il la pressait avant de sortir sa voiture. Il devenait alors quelque peu autoritaire, par impatience.

Ce voisin on ne peut plus amical m'avait signalé qu'il avait une petite plaie à son orteil gauche. La description m'avait laissé penser à une lésion due à une insuffisance d'irrigation artérielle ; il était en âge d'avoir des ennuis avec ses artères. Mais je ne m'en mêlais pas.

J'ai ensuite appris qu'il avait été hospitalisé et que les médecins avaient découvert des lésions athéromateuses telles qu'ils avaient envisagé une amputation de la jambe gauche.

Quelques jours plus tard, sa famille nous annonçait qu'il était décédé à l'hôpital d'un arrêt cardiaque irréversible.

Voilà un voisin, plein d'humour et de simplicité, dont j'ai du mal à me passer quand je descends au garage qui ne contient plus que des automobiles.

21 – Léon B.

Léon est mort le 22 mai 2018 à l'hôpital Beaujon situé à Clichy, banlieue nord de Paris. Conformément à ses vœux, une cérémonie laïque avait réuni sa famille, ses amis et ses deux principaux collaborateurs, avant que le cercueil ne fût emporté pour la crémation. Cet événement avait été exemplaire de sobriété, comme le fut la vie de Léon. Bien que professeur de médecine et chef de service, il n'avait jamais cherché à parader ou à susciter des fêtes brillantes avec ses collègues et ses collaborateurs.

Nous nous sommes connus un peu avant la trentaine. Nous étions tous les deux internes à l'hôpital Bichat, dans un des grands services parisiens de la gastro-entérologie. Nous sommes devenus très proches et le sommes restés tout au long de nos carrières qui ont divergé. Après avoir rempli les fonctions d'assistants à l'hôpital Bichat, je suis devenu chef de service à l'hôpital et professeur à la Faculté de Reims, lui a été recruté par son ancien patron pour exercer les mêmes fonctions à l'hôpital Beaujon à Paris. La géographie de nos itinéraires nous a éloignés, mais nous avons trouvé de loin en loin des occasions de nous rencontrer. Lorsqu'il était encore marié avec sa première femme, chaque couple avec deux enfants, nous sommes partis plusieurs fois ensemble en vacances. Bien qu'il ait été, même avec moi, d'une extrême discrétion, je n'oublierai pas les péripéties que j'ai apprises ou devinées de son divorce qui s'était produit dans la violence.

Ma femme et moi aimions bien son épouse, mais notre amitié pour Léon lui est assez vite devenue insupportable, une fois qu'ils se sont séparés. De plus, nous avons participé à son mariage avec sa deuxième épouse, qui avait des fonctions culturelles de haut niveau. Nous les avons invités chez nous, Jeanine et lui. Quelques années plus tard, elle a été atteinte d'une maladie hématologique dont elle est morte. Léon, très amoureux, est resté longtemps inconsolable. Il a vécu par la suite avec une personne charmante et conciliante que nous avions très vite appréciée.

Excuse-moi, lecteur, j'en ai trop dit sur la carrière médicale, celle de Léon et la mienne. Sache au moins qu'il y avait une différence importante entre nous. Non, je ne vais pas te dire que moi, je ne suis ni veuf ni divorcé, ni que je me suis fait provincial alors que Léon est resté parisien. Ce qui nous a distingués le plus a été un vice si répandu que considéré sans risque : c'est qu'il était fumeur et moi pas. Ce qui lui a valu de faire en fin de carrière un gros infarctus du myocarde. Il a été opéré sans avoir choisi son chirurgien et il a fait une complication grave : l'infection du champ opératoire thoracique. Les médecins de réanimation ont été francs, quand ils lui ont indiqué la faible probabilité que le traitement le sorte de là.

Il s'en est tiré, mais… mais… Quand le chirurgien qui l'avait opéré lui a recommandé de ne plus fumer dorénavant, Léon a franchement répondu qu'il reprendrait la cigarette et son whisky de l'après-midi dès qu'il serait chez lui.

Il fallait qu'il soit accroché au tabac pour avoir été si franc, pour ne pas avoir au moins exprimé qu'il allait essayer.

Il est rentré chez lui avec des séquelles physiques de la maladie, surtout des escarres causées par l'alitement, l'équipe de réanimation n'ayant pas assez pris le soin de les prévenir. Il n'avait pas menti : il a repris ses habitudes tabagiques. Je l'ai vu allumer une cigarette au feu de la précédente. Je n'ai jamais ajouté de recommandations à celles qu'il se faisait sans doute lui-même.

Nous nous sommes revus plusieurs fois au restaurant près de la Gare de l'Est, avant que l'état de son cœur ne l'empêche de sortir de chez lui. Je lui ai ensuite rendu visite souvent. Nous évoquions nos souvenirs, nos patrons, nos collègues et nos familles.

Son divorce avait fortement perturbé sa vie de famille, alors que ses enfants étaient jeunes. Léon m'a dit combien il regrettait que sa fille ait démissionné de son poste de professeur des écoles et que son fils, plus jeune, ait interrompu ses études. Pendant nos conversations, Léon exprimait une forte préoccupation au sujet de son héritage incluant son grand appartement dans un quartier chic de Paris. Il a fait et refait son testament plusieurs fois avec son notaire. Il a finalement tenu compte du fait que sa fille aînée avait trois filles et plus de mari, et que son fils était célibataire. Malgré notre proximité, je me suis bien gardé d'intervenir dans la répartition qu'il voulait inégale, pour tenir compte de la différence de charge familiale entre ses deux enfants.

Léon avait une passion pour l'opéra, depuis qu'un ami l'avait entraîné, très jeune, à une représentation. Il se tenait au courant des programmes et ne manquait aucun spectacle.

Il y allait souvent avec des relations qui partageaient son enthousiasme. Il avait aussi un goût très prononcé pour les tapis orientaux qui lui faisait rencontrer des importateurs experts dans la détection des pièces authentiques. Il décorait aussi son appartement de statues, toutes très jolies. Quand j'y repense, il me semble qu'il aimait ressentir son appartenance à une élite cultivée, pas seulement riche. Je me souviens à ce propos que, dans les années soixante, il m'avait reproché, avec une véhémence inhabituelle entre nous, de me contenter de ma 2 CV Citroën, alors qu'il roulait déjà en R16.

Léon B. était très attaché à ses amis qu'il ne manquait pas d'inviter à dîner chez lui. Lors de l'une des dernières réceptions, alors qu'ils avaient tous environ 70 ans, il était tourmenté par la pensée de l'ordre dans lequel nous allions mourir. Il m'avait fait part, et je crois à moi seul, de ses préoccupations funestes. Il me parlait très librement, bien qu'il fût secret. Nos relations s'apparentaient à celle d'une fratrie, marquée par des élans affectifs d'amitié.

Volontiers prodigue en plaisanteries parfois cruelles, il les décochait à l'égard de son entourage, souvent pour en faire rire d'autres. Léon se comportait de façon amicale et sincère, lors de nos conversations qui avaient pour sujets principaux sa famille et la progression de sa maladie. J'ai été proche jusqu'à ce qu'il soit emmené pour être soigné à l'hôpital. Il a refusé d'être pris en charge dans le service de réanimation et il est mort dans le coma, après une lente agonie.

22 – Roland B.

J'ai connu Roland, professeur de piano, en devenant son élève alors que j'avais 70 ans. Il a été mon enseignant pendant près de six ans. Je ne m'en rendais pas bien compte, mais je lui posais un problème difficile. En effet, je joue du piano d'oreille et je ne me suis jamais mis au déchiffrage et à l'étude des partitions de musique. Il m'a accepté, malgré mon âge et malgré mon handicap de ne pas savoir lire la musique.

J'avais commencé à jouer vers l'âge de 16 ans sur le piano que nous avions à la maison. Je n'avais subi aucune incitation à apprendre à lire la musique. Toutefois, ma mère m'avait adressé à une amie, professeur de piano, qui m'avait rapidement dégoûté d'une lecture qui ressemblait à celle des tables de multiplication. Je n'avais été motivé ni par ce professeur ni par mes parents qui avaient d'autres soucis et j'ai traîné toute ma vie le plaisir de jouer tout ce que j'entendais sans me donner la peine de lire une partition. Enfant, j'avais même trouvé un chantage : faute de temps, si j'apprenais à lire la musique, il me faudrait interrompre l'enseignement du latin au lycée. Or, mes parents tenaient par-dessus tout à ce que je fasse du latin au lycée. Et j'avais eu gain de cause. Peut-être aurait-il fallu apprendre le solfège avant 10 ans, peut-être n'avais-je pas été encouragé par mon entourage, peut-être avais-je eu trop de facilité à retrouver tous les airs que j'entendais et que j'ai très vite appris à accompagner de la main gauche.

Bref, ce pauvre Roland héritait d'un élève invalide qu'il aurait pu refuser. Il n'en a rien fait et m'a enseigné des variétés : il disposait des partitions où figuraient seulement la mélodie et les accords en symboles américains. J'ai donc passé de très bons moments, grâce à lui et, de plus, nous avons même joué en groupe – je n'ose pas parler d'orchestre.

Quand il a arrêté de donner des cours et laissé ses élèves à son successeur, nous nous sommes tenus au courant de nos vies. Il a été un de mes rares amis à avoir sonné en bas de l'immeuble pour nous rendre visite sans s'être annoncé. Je l'ai appelé un jour au téléphone, mû par un simple désir d'information. Il a eu cette réflexion logique que ç'aurait été plutôt à lui de prendre de mes nouvelles, puisque j'étais plus âgé d'une dizaine d'années.

Quand il a fait une crise cardiaque, une semaine plus tard, il a demandé à sa femme de m'informer sans faute de sa maladie. Je pense qu'il avait considéré mon appel comme prémonitoire.

J'ai appris qu'il y avait une telle destruction du muscle cardiaque qu'il relevait d'une transplantation. Elle a tardé et mon ami est décédé. Je ne me remets pas d'un tel malheur chez un homme à qui il restait toute une vie de musique et de chansons, sans compter une vie familiale heureuse.

23 – Louis S.

Mes fonctions hospitalières rémoises avaient commencé à l'institut Jean Godinot – centre anticancéreux de Reims. La gastro-entérologie y était assurée par Louis S. dont je connaissais le nom et le renom. Il m'a accueilli avec la plus grande bienveillance possible. Il n'exerçait qu'en consultation et assurait les endoscopies digestives. Bien que formé à la gastro-entérologie, je ne connaissais rien à ces explorations, alors en plein essor, dans la pratique de la spécialité et dans les performances des appareils qui étaient à présent des tubes souples de faible calibre.

C'est lui qui m'a appris l'œso-gastro-duodénoscopie et la coloscopie qui consistent à introduire des appareils souples, contenant des fibres optiques grâce auxquelles on était capable de visualiser l'intérieur des organes et de réaliser de petits prélèvements – biopsies et ablation d'une tumeur bénigne. Ces examens sont effectués sous une courte sédation. Il était aidé par une anesthésiste principalement pour les coloscopies, qui consistent à explorer l'intérieur du rectum et du gros intestin jusqu'à la partie terminale de l'intestin grêle.

Les collègues de mon âge exerçant à Paris ne savaient pas faire ces examens qu'ils déléguaient à leurs attachés et à leurs assistants.

Je connais bien la façon souvent condescendante dont certains enseignants transmettent leur savoir en médecine. J'ai eu l'agréable surprise d'être guidé avec gentillesse et amitié par Louis S., qui m'a tout appris avec prudence et douceur. On conçoit qu'il n'ait pas tardé à devenir un ami. Plus âgé que moi d'environ dix ans, c'était un autodidacte qui n'avait pas fréquenté les services hospitaliers pour se former. Nos parcours étaient donc différents. Il m'a très peu parlé de ses parents, déportés par les nazis.

Associé à René D. en pratique privée, il avait une clientèle importante et sensible à son accueil poli et attentif.

Il a toujours fait du sport ; il était classé au tennis, puis il a fait du golf, jusqu'à ce qu'une arthrose des hanches ne l'oblige progressivement à en interrompre la pratique. Tolérant vis-à-vis de tous, il était respecté par le personnel de l'Institut et apprécié par ceux qu'il enseignait.

Bien que je ne m'adonne à aucun sport, notre amitié a duré toute sa vie. Quand il était cloué sur son siège de bureau, chez lui devant son ordinateur, je suis allé le voir, accompagné de ma petite-fille.

C'était la dernière fois que je lui rendais visite, avant qu'un accident vasculaire l'emporte brutalement.

Propos sur mes amis

Que j'aie perdu un si grand nombre d'amis m'a étonné : ils étaient trente-sept. J'ai analysé des anecdotes pour vingt-trois d'entre eux. On n'est pas toujours conscient des changements qui se produisent de loin en loin, tout au long de la vie. Je n'avais pas prévu non plus que tant d'événements à propos de chacun d'eux me soient restés en mémoire. C'est le nombre d'amis perdus qui a surpris comme moi les quelques personnes proches à qui j'en ai parlé. Aucune d'entre elles, heureusement, n'a avancé la lourde plaisanterie que je n'ai peut-être pas porté chance à mes amis ; personne non plus n'a eu la mauvaise idée de me demander s'il me restait encore des amis vivants. On ne compte pas les gens qui vous sont proches.

À ceux qui s'étonnaient de leur si grand nombre, j'ai conseillé de faire comme moi le compte de leurs amis décédés. Je suis persuadé qu'eux aussi les découvriront plus nombreux qu'ils s'y attendaient. Mais je n'ai pas insisté, parce qu'il faut éviter, par superstition, d'évoquer tout sujet relatif à la mort. Je ne les ai pas poussés à faire comme moi, non pas en prévision d'une quelconque superstition, mais plutôt pour qu'ils s'épargnent une douleur semblable à la mienne, lorsque j'ai entrepris de penser à chacun de mes amis perdus.

J'ai alors été pris d'une inutile colère en aspirant à les avoir près de moi de nouveau, pour échanger ce qu'on s'était déjà raconté plusieurs fois et ce qu'on est encore avide d'entendre les uns des autres. Je voudrais que chacun me parle de nouveau, à sa manière, avec son accent, et tous avec l'insouciance qui était celle des bons vivants.

Ils sont pourtant bien trente-sept à répondre à la définition que j'ai donnée à l'amitié, un peu simpliste, je le reconnais. Au moins, je n'ai pas comparé l'amitié et l'amour qui implique ici-bas un désir ou une relation charnelle. Ma façon de définir l'amitié s'appuie sur un aspect concret et simplifié, plus proche de la disponibilité mutuelle que d'un excès de sentiments. Presque tous les auteurs se sont risqués à définir l'amitié après Montaigne, qui avait écrit de sa relation avec La Boétie : « parce que c'était lui, parce que c'était moi ». Cette conception signifie à mon avis qu'il n'y a pas de définition possible de l'amitié. Il me semble que Montaigne évoque une indéfinissable affinité entre deux personnes, sans faire appel à une référence concrète. Mon appréciation ne témoigne que de la disponibilité dont on fait preuve entre amis. Elle évite d'évoquer la résistance de l'amitié au temps qui passe et à l'éloignement. Ma définition s'abstient de la comparaison avec l'amour, tout aussi complexe, et qui introduit, de plus, une connotation charnelle.

J'ai choisi de faire intervenir l'usage du téléphone, accessoire que tout le monde possède, à portée de main. J'émets l'hypothèse qu'on réserve un accueil permanent à l'égard d'un ami qui nous sollicite, comme si on l'attendait. Il faut bien reconnaître toutefois que la sonnerie du téléphone n'a rien d'amical, dans la mesure où elle peut détourner notre attention et conduire à négliger une occupation en cours. En fait, je crains le téléphone qui risque de mal tomber, de troubler une tâche exigeant la plus grande attention, comme la conduite d'une voiture. La sonnerie peut aussi retentir au moment où l'on était simplement occupé à rechercher un timbre-poste dans ses papiers. L'appel téléphonique peut bien être malencontreux dans la mesure où, par distraction, la lettre pourrait bien être postée non affranchie.

En conclusion, j'ai pris pour critère de l'amitié la façon dont mon appel téléphonique est reçu. Je m'attends, en cas de nécessité, à devoir rappeler mon ami plus tard, ou être rappelé par lui. La définition que j'ai donnée à l'amitié a seulement l'avantage d'être pratique. En tant qu'ami, je peux m'attendre à ce qu'on ne soit pas disponible en même temps que moi. L'inverse est tout aussi vrai. Et l'ami sera au téléphone.

Des auteurs donnent de l'amitié une définition complexe qui permet de ne rien oublier : ils affirment que les vrais amis le sont souvent de longue date, ont des liens très forts, sont unis par des histoires communes, des anecdotes partagées, des infortunes et des joies intenses vécues ensemble. Ils conçoivent aussi que l'amitié résulte de sentiments d'affection entre deux personnes ; attachement, sympathie, etc.

On comprend que la définition que lui a donnée Montaigne évite une telle énumération pour se suffire d'une affinité mutuelle suggérée par la belle formule.

En revanche, je crois qu'il faut se garder de l'usage inconsidéré du mot « amitié », comme lorsqu'on dit à un ou une inconnue : « Faites-moi l'amitié de… ».

Il se distribue aussi sans avoir de base réelle comme dans le sage conseil que nous donne La Fontaine :

« Chacun se dit ami, mais fou qui s'y repose
Rien n'est plus commun que ce nom ».

Les anecdotes que j'ai décrites sont personnelles à chacun de mes amis ; il y en a sûrement d'autres que j'ai dû oublier, sans doute plus futiles. L'accord de nos caractères a certainement joué un rôle. Ils étaient tous assez libres avec moi pour me faire remarquer ou pour critiquer une façon de me comporter. Je tenais compte, en général, de leurs remarques, car elles n'étaient jamais malveillantes. Elles étaient tolérées grâce au simple accord de nos personnalités, sans chercher à nous nuire l'un à l'autre, et elles n'étaient jamais inspirées par une basse vengeance ou par une jalousie jusque-là enfouie. Les petites piques entre personnes qui se connaissent sans être des amis, déclenchent chez certains des réponses acerbes et peuvent aboutir à hausser le ton ou à instaurer un froid durable. J'ai tendance à ne pas attacher d'importance, du moins en apparence, aux remarques agressives de personnes pour qui je n'ai pas d'affection. Je m'écarte plutôt de la personne qui a émis un jugement acariâtre, en sachant qu'aucune amitié n'est possible entre nous. Il faut beaucoup de maîtrise de soi pour éviter de se vexer ou de se justifier.

D'un ami, on peut tout accepter et, si besoin, entreprendre une discussion en tête à tête. Venant des autres, mon opinion est qu'il vaut mieux feindre de convenir à la critique et ne pas chercher à y répondre sur le même ton. Quand on le peut, il vaut mieux affecter de n'avoir rien entendu et aller plus loin, à l'écart quand c'est possible.

Mais, même une remarque désagréable peut être au moins en partie bien fondée, elle pourrait être à retenir et à analyser pour soi-même. Il y a diverses circonstances qui nous déplaisent dans les remarques de personnes qui ne sont pas nos amis. Outre le sujet des attaques directes et acerbes, il y a aussi la façon de les exprimer : la voix trop haute, le débit excessif, les traits de colères qui marquent le visage, qui sont autant de nuances qui nous irritent. À l'inverse, la voix plutôt basse et posée – ou un peu bitonale comme celle de Jeanne S., retrouvée des dizaines d'années plus tard – ajoute au charme de la personne et au calme qu'on éprouve.

Certains de mes amis se ressemblaient par quelques traits de leurs caractères, tout en ne se connaissant pas : Louis S. et René D. étaient toujours aimables et patients avec tout le monde – on pourrait aussi dire « bien élevés » – ; d'autres, plutôt pressés et certains d'avoir toujours raison, comme Gabriel L. et Julien T. ; d'autres, enfin, étaient timides et prudents, comme Léo G., René D. et Roger D.

Je ne réunissais pas mes amis, même si j'imagine qu'ils auraient pu s'accorder entre eux. Ce n'est probablement pas un hasard, si je me suis trouvé attablé avec des amis qui se connaissaient déjà, comme Louis S. et René D. qui étaient associés dans leur cabinet médical, ou Adam C. et Nathan S. qui étaient voisins à Tunis, pendant leurs études primaires et secondaires. Au contraire, j'ai gardé le souvenir désolant d'un dîner chez moi auquel j'avais invité Léon B. et un autre de mes amis avec leurs épouses. Les opinions politiques opposées des deux convives masculins ont dégénéré en dialogues et sous-entendus amers. Ces remarques ont fini par devenir personnelles et elles ont quelque peu gâché le reste de la soirée. Je ne vois pas ce que vient faire la politique dans les relations amicales, le soir au dîner, chez un ami…

Je pense que les personnes qui pratiquent un sport en équipes savent quels sont les amis qui s'entendent bien ou, au contraire, à éviter de réunir lors d'une soirée, si l'on veut prendre du plaisir et s'amuser. Leurs appréciations les uns des autres sont favorisées par le jeu en équipes, mais aussi par la façon de perdre ou de gagner. Mes amis ne sont pas des sportifs, puisque je ne le suis pas moi-même. Je ne dispose pas de l'avantage des sportifs pour les inviter chez moi.

Quand j'ai pensé à chacun de mes amis pour écrire mes souvenirs, j'ai ressenti plus de peine que je ne l'avais prévu, même à l'évocation des souvenirs amusants. Il existe une empreinte indélébile qu'ils m'ont laissée, comme le manque de mes propres parents quand ils sont partis. L'amitié résiste au temps, même quand il se compte en dizaines d'années : je n'ai pas eu à dire plus que mon prénom pour que Nina W. me reconnaisse, de même que tous les autres dont j'étais depuis longtemps sans nouvelles.

J'ai relevé, cependant, des cas où mes amis ont disparu sans m'avertir, comme volatilisés. Léo G. et Jacqueline en sont les exemples les plus insupportables. Léo est décédé et Jacqueline s'est remariée. Mais elle ne nous a informés ni de la mort de Léo ni de son propre remariage. L'amitié n'a pas été, dans ce cas, la garantie de la résistance au temps. J'ai émis plus haut une hypothèse fondée sur une possible jalousie de Jacqueline à l'égard de Nicole, mon épouse. Je m'étonne, à présent, longtemps après, que Jacqueline n'ait jamais pris, non plus, contact avec Nicole qui l'avait invitée avec son nouvel époux à notre maison de campagne située entre Reims et Paris.

Qu'y a-t-il derrière ces froissements de l'amitié ? Je ne le saurai jamais. Je ne peux pas aller la voir et lui parler, car le temps rend de plus en plus difficile le contact, alors que nos amis pas revus depuis quelques années pourraient ne plus être de ce monde.

Ce n'est pas pour cette raison, mais par un simple besoin de savoir s'ils vont bien que je téléphone à ceux que je n'ai pas revus depuis longtemps. Quand je parle d'eux en famille ou avec d'autres personnes, je leur téléphone et leur donne tout de suite la raison de mon appel. Je leur dis simplement que je viens de parler d'eux et cela m'a incité à savoir comment ils se portent. Il suffit que je dispose de leur numéro de téléphone. J'obtiens toujours un accueil chaleureux. Je ne prends pas de rendez-vous pour qu'on se revoie. Ils n'ont donc pas besoin d'aller chercher leur agenda pour organiser une rencontre qui rend la situation toujours complexe : quand ? Avec qui ? Etc. Je fais office de carte postale, je ne sollicite rien.

J'ai entrepris d'écrire les récits qui précèdent, à propos de mes amis, avec courage, sinon entrain. Le fait de rédiger les anecdotes restées en mémoire a réveillé et accentué la nostalgie qu'ils m'avaient laissée. J'ai d'ailleurs été surpris que tant d'événements me soient revenus en mémoire. Une fois la rédaction de mes souvenirs entamée, j'ai bravé mon chagrin, ligne après ligne, par fidélité envers eux. Je n'avais pas imaginé non plus à quel point je me sentirais privé de celui ou de celle qui faisait l'objet de mon récit. Ce fut finalement le cas de tous.

Parmi ces vingt-trois amis, il y avait onze médecins – moins de la moitié –, dont quatre que j'ai connus pendant mes études de médecine et sept, durant l'exercice de ma profession. Nous ne parlions jamais de médecine, rarement de nos confrères.

Je n'ai pas éprouvé une affinité particulière à l'égard de mes amis d'enfance, fréquentés à Tunis. Beaucoup d'auteurs considèrent pourtant que les amitiés de longue durée sont les plus solides. J'ai relevé deux cas qui s'inscrivent en faux par rapport à cette définition : l'amie très proche de ma femme qui ne nous a signalés ni le décès de son premier mari, Léo G., ni son remariage ; et Capucine, dont l'amitié remonte à mon premier bac, qui a rompu nos relations en m'identifiant à mon frère avec qui leur amie commune Jacqueline était en désaccord, à propos de la statue prêtée ou vendue. Ces détails suggèrent qu'il peut se nouer un roman complexe et invisible derrière la façade d'une belle amitié, et qui peut nous échapper pour toujours. Capucine et mon frère sont à présent décédés.

Le décès des autres amis, dont je n'ai pas transcrit en détails les anecdotes, m'ont tout autant affecté lorsque je les ai perdus et ils me manquent eux aussi, encore à présent. Je n'ai pas raconté les épisodes ou les anecdotes de leurs vies, par crainte de lasser le lecteur.

Chacun de mes amis perdus m'a privé des occasions de rencontres et d'échanges dans une ambiance de liberté et de complicité qu'on n'a pas avec des connaissances récentes, qu'il s'agisse de personnes jeunes ou de mon âge. Car il faut du temps et des circonstances favorables à deux personnes pour devenir amis. Antoine de Saint-Exupéry, dans le Petit Prince, suggère l'idée qu'il faut passer ensemble le temps de « s'apprivoiser mutuellement », être heureux en présence de l'autre, éprouvé s'il s'éloigne. Parmi mes amis que j'ai joints, des dizaines d'années après notre dernière rencontre, Nina W. m'a accueilli avec joie au téléphone, Isaac K. m'a invité à la fête qu'il a donnée pour ses 90 ans et Roger D. a été ravi de reprendre contact avec nous, grâce à une carte postale ancienne oubliée dans un livre pendant plus de vingt ans.

En mourant, chacun de mes amis a accentué la solitude où m'ont laissé lui et tous les autres, comme si on se trouvait insensiblement dans le noir d'une rue, lorsque les lampadaires s'éteignent l'un après l'autre. J'ai ainsi pris conscience que vieillir n'est pas seulement se trouver affligé par la réduction des capacités du corps et de la vivacité des sens et de l'esprit, c'est aussi de ne plus partager avec des proches ce que nous avions en commun : un voyage ou une randonnée, une formule originale ou un mot qui nous étaient propres, un quiproquo, à travers lesquels, complices, nous nous comprenions. Ce sont les amis qu'on se fait en classe, puis nos collègues et nos correspondants, lorsqu'on s'est engagé dans la vie professionnelle, ceux qui, pendant toute notre vie, nous ont donné l'occasion de partager un peu de nos espoirs et de nos déceptions. En fait, ce sont ceux avec qui, adultes, on consent l'un et l'autre à redevenir enfants, le temps d'un échange. Sur les vingt-trois amis décrits, presque tous étaient d'un âge proche du mien, seuls quatre d'entre eux avaient quelques années de plus que moi – Capucine B., Samuel C., Isaac K., Louis S.

La mort de chacun de nos amis marque de façon cruelle la fin d'une étape de notre temps. En s'en allant, il nous laisse privés de son hublot sur le monde, différent du nôtre et qu'il avait pris plaisir à nous décrire, par bribes, au long de nos relations. C'est la confiance mutuelle qui constitue la base de mon précieux attachement à chacun d'eux. Car chacun a une personnalité, des relations et des souvenirs que nous avons partagés ou dont il nous parle et qui sont irremplaçables.

La peine ressentie en évoquant les amis anciens et récents témoigne de l'estime mutuelle qui est le propre de l'amitié.

Elle a résisté aux remous du parcours de chacun de nous. Malgré les multiples moyens actuels de communiquer, incluant la communication par les écrans – Zoom, par exemple –, rien n'égale la présence et la conversation libre et confiante que nous avions jusque-là. C'est le cas de Roger D., de Victor W, de Nathan S et d'Isaac K., dont j'ai raconté quelques récits. Les plus anciens amis sont au nombre de quatre, élèves avec moi des lycées Carnot de Tunis – Nathan S., Adam C., et Théo B. – et Masséna de Nice – Martin S. Je crois bien avoir eu une amitié à toute épreuve pour ces amis de classe. Une familiarité, chaque fois qu'on se revoyait, qui n'était pas aussi intime avec les autres. Chacun m'a laissé présumer à sa mort que la mienne ne devrait pas trop tarder, tant je me sentais proche d'eux.

Il en va de même pour la distance qui nous a séparés, lorsque je me trouvais à Tunis, Nice, Paris ou Reims – voir les déplacements de ma famille en notes. Nous nous sommes toujours retrouvés au téléphone avec plaisir. Le plus étonnant a été le cas de plusieurs de mes amis morts après une très longue séparation. J'ai téléphoné à Nina après quarante années de silence.

On voudrait revenir en arrière, mais le temps est à sens unique, et cette loi est intangible. Il faut lire les poètes pour éprouver avec l'un ou l'autre l'émotion laissée par le temps qui passe sur un fond de tristesse qui s'accentue, combattue tous les jours.

De plus, chaque souvenir m'a procuré un sentiment particulier, proche de la culpabilité, dont j'ai du mal à définir le motif. Pour certains de mes amis, c'était de ne pas avoir été informé plus tôt de leur maladie.

Je me reproche de n'avoir pas pris plus souvent des nouvelles : ce fut le cas de René D. et de Victor W. Le fait d'être médecin accentue sans doute le reproche que je me fais de mon absence quand mon ami était malade, de n'avoir pas cherché à le réconforter ainsi que sa famille, ou à le conseiller mieux qu'il l'avait été jusque-là. Il me semble que je me blâme, quand l'imagination le permet, de n'avoir pas essayé moi-même de guérir chacun de mes amis malades, alors que je sais que c'est impossible. Je me reproche même de n'avoir pas fait appel à un spécialiste en qui j'aurais eu une confiance d'enfant et dont j'aurais attendu un miracle. On constate aisément à quel point ces réflexions sont irrationnelles.

Si je fais un effort d'objectivité, je me rends compte que l'exercice de la médecine est entravé ou incommode, lorsque le patient est un ami ou un membre de la famille. Pour preuve, les deux seuls amis qui ont fait appel à mes connaissances de médecin ont été le mari de Margot V. et Julien T. Concernant le mari de Margot, Jean-Pierre, je dois reconnaître que j'aurais été prétentieux si j'avais formulé une opinion ou donné un conseil à propos de la relation amoureuse dans le couple. J'aurais donné un avis personnel improvisé, car il n'était pas enseigné à la faculté ni dans les livres de médecine que je lisais à l'époque.

J'ajoute que le dysfonctionnement sexuel du couple au sujet duquel j'étais sollicité n'a pas été la cause du décès de l'un ni de l'autre : Margot est morte d'un cancer du pancréas et son mari Jean-Pierre, quelques années avant elle, d'un cancer du rein.

Le cas de Julien T. est très éloigné de l'exercice de mes compétences médicales, qui n'est pas orienté dans la prise en charge des états de fatigue. À propos de troubles digestifs atypiques et mineurs associés à une fatigue, il m'a seulement demandé de lui renouveler un médicament dont l'efficacité n'a pas été démontrée. Il a finalement consulté à Neuilly pendant les vacances de Noël un chirurgien incompétent qui l'a opéré sur-le-champ. Il est mort quelques jours après l'opération, ce qui était prévisible, rien qu'à la lecture du compte rendu opératoire. Le cas de Julien T. est typique des pseudo-consultations d'un ami médecin, tant la crainte d'être malade rend évasive la description des symptômes. J'ignore encore actuellement s'il avait pris du Sargénor – traitement de la fatigue – pour la maladie biliaire dont il est mort.

J'ai l'habitude que certains membres de ma famille me sollicitent pour le moindre bobo, non seulement pour être soulagés, mais aussi pour que je leur explique d'où provient le symptôme et comment il s'est produit, éventuellement si le mal est héréditaire – ! – et si tel ou tel aliment est permis, à quelle heure, etc. À croire que j'aurais pu avoir fait des études de médecine en étant poussé par la cancérophobie de mon entourage. Lorsqu'on entreprend ces études, on n'imagine pas l'embarras d'être sollicité pour des broutilles, rançon de la confiance en la médecine. Dans le cas de Julien T., je crois qu'il ne voulait pas être exploré avant que des troubles accentués, sans doute différents, l'aient conduit à consulter le premier chirurgien venu. Une faillite de l'amitié.

En réalité, je n'ai jamais consulté le dossier médical ni pratiqué un examen clinique sérieux d'un de mes amis – mis à part le cas très particulier de Jeanne S. –, ce qui me rend ignorant de leurs éventuelles maladies. Malgré cette carence, je me suis reproché de n'avoir pas été plus soucieux de leur santé et plus près d'eux quand ils étaient réellement malades. Je me reproche aussi de n'avoir pas assez souvent pris de leurs nouvelles. Mais eux-mêmes auraient-ils supporté que je les harcèle à propos de leur santé ? Quand ils s'estimaient en bonne forme, ils auraient bien pu trouver mes appels encombrants et mon empressement, excessif. Bien plus, ils auraient pu se croire atteints d'une maladie que j'aurais décelée lors notre rencontre précédente, sans en avoir fait mention. On n'imagine pas la panique qui peut s'emparer d'une personne quand son médecin s'inquiète !

Il reste que j'ai éprouvé du remords dans les cas où la famille de mon ami m'a fait part de son décès qui était survenu quelques semaines ou quelques mois avant mon dernier appel – René D., Nina W. Une curieuse coïncidence s'est produite dans le cas de Roland B. Après plusieurs mois pendant lesquels nous ne nous étions ni vus ni appelés, je lui ai téléphoné sans motif, une semaine avant qu'il ne fasse un infarctus du myocarde grave, au point de relever d'une transplantation cardiaque en urgence. Comme je ne l'appelais pas souvent, je suppose qu'il s'est souvenu de mon appel inattendu, quand il a fait son accident cardiaque, et qu'il l'a estimé prémonitoire. En effet, je déduis cette hypothèse du fait qu'il a recommandé à sa femme de me prévenir en urgence. Je crois que c'est le décès de Roland B., mon professeur de piano, qui m'a fait le plus ressentir le manque dans lequel me laissait son absence, bien que mes cours de piano fussent terminés avec lui depuis des mois et ses nouveaux élèves confiés à son jeune associé.

La perte d'amis a réduit mes déplacements. C'est le cas de mes voyages à Nice qui étaient fréquents jusqu'à une embrouille de Capucine avec mon frère. C'était toujours une fête de rencontrer Capucine et Fernando : ils étaient l'un et l'autre sympathiques et confiants, et de plus ils me rappelaient mes 17 ans, mon premier bac et des souvenirs de pêche à la ligne sur les rochers. Je ne les verrai plus.

Entre amis, nos conversations couvraient de très nombreux sujets. Ils m'avaient enrichi de ce qu'ils savaient de la vie dans leurs familles et dans la société qu'il fréquentait, de leurs coutumes. Par exemple, certains avaient des opinions politiques et savaient d'avance quel serait le parti ou le candidat pour lequel ils voteraient. Moi, j'étais à chaque occasion incertain de mon choix et j'avais l'intention de favoriser le candidat qui venait de faire un discours courageux.

Mais nos conversations n'allaient pas très loin dans l'analyse des promesses de nos politiques, pas plus qu'elles n'évaluaient le crédit qu'on pouvait accorder à leurs programmes. À part un seul de mes camarades qui, à l'époque du lycée à Tunis, était communiste – il ne figure pas dans ma liste –, nos désaccords entre amis sur la politique n'étaient jamais orageux, car aucun n'avait des idées bien arrêtées qu'il pouvait défendre avec conviction. Mon père était intervenu une fois pour dire aux adolescents que nous étions, balayant les arguments idéologiques, qu'il était « beefteakiste ». La plupart de nos discussions n'avaient pas pour objet la politique, mais plutôt la relation entre garçons et filles, plus tard nos vacances en famille ou avec nos conjoints et enfants, les jeux et les loisirs. Quand nous étions adolescents, nous avions souvent tenu des propos insolents à l'égard de tout ce qui représentait l'autorité, un peu plus tard chanté ensemble des chansons paillardes comme celles de la salle de garde, que nous entonnions quand nous étions internes des hôpitaux. Elles sont inoubliables, ces chansons que l'on se fredonne plus tard, réduites à un vocabulaire approximatif et à une rime bancale.

Des mots et les situations où nous étions complices me reviennent. Ils nous rapprochent et effacent le temps écoulé depuis nos dernières rencontres. Une idée insidieuse réduit le plaisir de mes souvenirs : c'est de me dire que tout ça, c'est du passé, c'était la jeunesse dont il ne nous reste que des bribes de souvenirs. Et deux vers de Guillaume Apollinaire trottent dans ma mémoire, depuis le lycée, et bercent ma nostalgie :

« Et nos amours

Faut-il qu'il m'en souvienne… »

Car ils sont toujours jeunes, les amis, quand on s'en souvient ; ils portent en eux les situations et les paroles du passé. C'est cette jeunesse retrouvée, revécue, qui nous transporte et nous fait rêver de recommencer. À dire les mêmes histoires, à rire ensemble, à faire la nique au temps auquel on ne pensait pas encore et qui nous oubliait. À présent, je dirais plutôt : « qui nous attend » comme dans une chanson de Jacques Brel. Se retrouver entre amis, c'est oublier le temps pour quelques instants qui nous font vivre les émotions qu'on avait oubliées. Car les amis portent en eux des parcelles de notre vie, qu'on ne voudrait pas mortes avec eux. Elles resurgissent dans la joie quand on pense à eux, mais elles nous font mesurer le temps.

Je retrouvais en général mes amis seuls, plus rarement ils étaient plusieurs qui se connaissaient comme Adam C. avec

Nathan S., René D. avec Louis S., ou avec d'autres qui ne font pas partie des miens. L'évocation d'un seul, comme j'ai eu l'occasion de le faire, amène souvent le souvenir que j'ai gardé des autres.

Le nombre de ceux qui ont disparu augmente avec leur âge et le mien. Mais, à part quelques-uns, perdus quand nous étions jeunes, tous sont morts à un âge avancé. Je connais leur métier, mais je n'ai pas de souvenirs précis de leurs loisirs. Tous ont fait des études supérieures, ce qui indique bien que j'ai eu pour amis des personnes de mon milieu. Néanmoins, un tiers seulement étaient juifs comme moi. Ce qui laisse à penser que la religion n'est pas intervenue dans nos choix mutuels.

Toutefois, en parcourant la liste, j'ai découvert qu'aucun de mes amis n'était musulman, même à Tunis. Il n'y en avait qu'un ou deux dans ma classe au lycée Carnot, ils étaient timides et silencieux au point que je n'en ai pas gardé le souvenir. Aucun élève dans la classe de première, à Nice. Les musulmans de Tunis fréquentaient d'autres établissements, annexes de la Zitouna, qui est la grande mosquée située dans la Médina. L'enseignement, initialement du Coran et dispensé en arabe, s'est diffusé dans de nombreux établissements à travers tout le pays et il s'est enrichi du français, de langues étrangères et de disciplines techniques et scientifiques.

Ce n'est qu'une dizaine d'années après le bac que je me suis rendu compte qu'au Lycée Carnot, on ne m'avait pas enseigné la géographie ni l'histoire de la Tunisie : en revanche, nous avions au programme les départements français et l'histoire de France, Vercingétorix et Jeanne d'Arc en tête. De plus, il y avait une grande carte de France affichée au mur de la classe, avec les départements de différentes couleurs, jamais une carte de la Tunisie. Ces détails, témoins de la colonisation de la Tunisie, ont pu détourner du Lycée Carnot les musulmans.

J'ai ainsi pris conscience, à l'âge adulte, que le statut de protectorat de la Tunisie exerçait son influence sur les programmes du Lycée Carnot. Ce lycée était payant, contrairement aux autres écoles, ce qui explique peut-être l'absence de fréquentation des Arabes, en général de situation plus modeste, à l'époque. Inversement, j'ai eu des amis algériens musulmans pendant mon exercice en France. Cependant, je n'ai eu avec aucun d'eux le degré d'intimité atteint avec mes trente-sept autres amis perdus.

Aucun de mes amis n'est mort dans un accident, un incendie ou à la guerre. En revanche, j'ai côtoyé un ou plusieurs survivants d'une famille victime de la Shoah, parmi lesquels mes amis Samuel C. et Louis S. L'assassinat de masse dont leurs familles ont été victimes a fait disparaître des gens par milliers, en quelques jours ou en quelques mois. On n'en parlait pas, mais les Français non juifs savaient que leurs voisins disparaissaient sans préavis ou à la suite de visites insolites d'hommes vêtus de noir, comme dans les films. On ignorait la mort des personnes disparues, mais on s'en doutait avant de s'approprier leurs biens, comme ce fut le cas de l'appartement de mon ami Samuel C. Le bruit courait que les convois pour l'Allemagne allaient vers une destinée sinistre. On aurait pu aisément concevoir la destination, si on savait que les passagers étaient transportés dans des wagons à bestiaux, tassés les uns contre les autres sur de la paille, affamés, privés d'eau et sans commodités hygiéniques. Ils avaient ensuite attendu, hébétés, sans savoir qu'ils étaient voués à la mort pour la majorité d'entre eux. Les survivants aux camps ne racontent pas la vie qu'ils ont menée, à la merci de gardiens sadiques, ni leurs comptages et recomptages dans la nuit et le froid, ni le travail harassant qui menait à la mort quand ils étaient trop fatigués. Malheur à celui qui ne savait pas prononcer correctement en allemand le numéro de son matricule imprimé sur son avant-bras.

C'est la vie de ces gens qu'on peut imaginer grâce aux récits des rescapés. Ce sont des familles, des villages avec les anciens qui jouaient du violon et des jeunes qui se mariaient comme dans les tableaux de Chagall. Beaucoup, parmi ces gens qui parlaient une langue qui était un mélange de plusieurs autres, ont disparu par millions, avec leur culture qui manquera toujours à l'Europe, faite de pleurs et de rires ensemble, de rêves et de sentiments contre la bassesse des choses. Envolés, tous envolés pour qu'il n'en reste rien, partis en fumée, avec la piètre justification qu'il existe des milliardaires juifs aux États Unis. Des milliardaires, nous sommes aussi capables d'en faire depuis la Covid-19, il suffit d'une pénurie et d'une demande à n'importe quel prix au fournisseur ou fabricant qui avait des réserves.

Je songe à ces pauvres cadavres décharnés, amoncelés parce que les nazis n'avaient pas eu le temps de les enfourner avant la libération du camp. Car la Shoah n'a pas été seulement faite des morts dont on parle, elle a laissé sur toute la terre des parents et des amis éplorés qui parlaient la langue de ceux qui sont morts. C'est la souffrance avant la mort qui impressionne le plus, dont ces cadavres amassés sont le résultat. Ils ont dû désespérer de voir leur corps se décharner avant de n'en plus pouvoir et de mourir, sans une prière, sans un secours, sans un mot pour les aider à supporter l'insupportable. Les parents et les survivants formeraient des défilés de par le monde entier, ils empliraient les rues pas seulement en Europe, ralliant les personnes qui souffrent de croire en leur humanité et clamant leur douleur. Ils voudront encore croire que plus jamais les hommes ne pourront atteindre la cruauté qui a rendu industrielle la transformation en fumée de leurs proches, de leurs voisins ou de leurs compatriotes.

Parmi ces morts, certains savaient écrire, étaient même des écrivains ou des poètes, d'autres chanteurs ou musiciens, et tous auraient participé à une culture dans toutes les langues de la terre. On comprend que les rescapés des camps de la mort n'aient pas pu en parler pendant des dizaines d'années, tant leur vie avait été incroyable, dans le froid et alors qu'ils étaient livrés aux poux, avec seulement un bout de pain par jour et des gardes qui les frappaient ou les tuaient. Je comprends que Samuel C. et Louis S., qui ont été cachés en France pendant l'occupation nazie, ne nous aient pas parlé de leurs familles disparues, dont les membres font peut-être partie de ces amas pitoyables de cadavres qu'on voit au cinéma ou en photo. Ils avaient longtemps gardé pour eux les souvenirs insupportables qu'ils n'ont pas cherché à partager, peut-être pour nous épargner l'horreur dont notre imagination est capable.

Les personnes qui ont perdu tout leur monde ont forcément des pensées qui les poussent à ne pas vouloir partager leurs souvenirs avec des gens qui ont un peu de bonheur. Mes amis Samuel C. et Louis S. ne pleurent peut-être que seuls, quand ils souffrent de l'absence des leurs.

Au contraire, quand je pense à eux, des images plaisantes, des récits pleins d'humour me reviennent en mémoire.

Samuel C. et Louis S. mis à part, aucun de mes amis n'a déploré la mort d'un parent en camp de concentration.

Toutefois, l'analyse des histoires de mes amis est forcément limitée et me suggère que l'amitié peut bien cacher un secret auquel je n'ai pas eu accès.

La mort d'un ami retentit en nous de façon très différente de celle d'une personne âgée pleurée par la famille. Enfant, on a vu progressivement vieillir ses grands-parents qui se sont plaints longtemps et se sont résignés avant de mourir des maux communs à leur âge. Même si on les aime beaucoup, si on leur est très attaché, si on va les regretter toute notre vie, on ne ressent pas le même deuil que celui de nos amis, tels ceux qui figurent dans mes listes. C'est un peu comme si nos propres parents nous protégeaient en assumant seuls le deuil de leurs parents. Ils savent que la famille se régénère par les enfants dont on attend la naissance et la croissance, pas les amis.

Alors que nos grands-parents nous laissent, en mourant, privés de leurs attentions et de leur affection sans reproches, nos amis sont comme une parcelle de nous-mêmes et leur mort nous prive des échanges que nous avions avec eux. Et nous sommes seuls à supporter le poids de leur absence.

Dans certaines familles, on évite de prononcer le prénom de la personne décédée et on s'impose, chacun pour soi, un silence entêté qui cache le lourd chagrin. Dans d'autres, les membres de la famille partagent les souvenirs sur un ton plus enjoué que maussade. Parler des grands-parents décédés les rapproche dans le deuil qu'ils portent ensemble.

Je pense qu'on se console ainsi mutuellement. Le deuil que l'on partage agit alors comme un pansement sur une plaie ; il finit par endormir légèrement la douleur et permet de ressentir un peu moins à quel point le mort nous manque.

Écrire ce qu'il nous est resté de mes amis n'a pas été pour moi un simple passe-temps. La recherche des souvenirs de ceux qui me manquent, les retrouvailles se sont faites pour la seule joie d'une illusion, celle d'être ensemble dans les mots et le souvenir, sur un fond implacable de douleur. Le moteur et le carburant de ce plaisir pourraient avoir été notre jeunesse qui opposait son énergie au grand mal de savoir qu'on est mortel.

Parmi les trente-sept amis perdus, je n'ai pas choisi les vingt-trois dont j'ai raconté pour chacun quelques anecdotes. Les souvenirs se rapportent à leurs personnes et me reviennent teintés à la fois de nostalgie et de joie. C'est la joie de les avoir retrouvés, comme si nous allions rire ensemble. Je n'imaginais pas, occupé aux futilités de la vie de tous les jours, que fouiller dans leurs histoires me donnerait à ce point envie de les revoir, de leur parler, de retrouver ma gaîté avec eux en évoquant cet épisode ou un autre, au moins de leur téléphoner ! Il a fallu me résigner de nouveau à la solitude que chacun d'eux me laisse, quel que soit le temps passé depuis son décès, et de me faire à l'idée qu'ils sont tous partis, pour le reste de ma vie.

Je me suis intéressé à la façon dont ils sont morts, la maladie et ses complications. Mais je n'ai pas eu un accès médical à la cause de la mort.

On oublie les amis qui sont partis, à moins que l'on en parle avec d'autres qui les connaissent, amis ou famille.

À part quelques exceptions, je n'ai pas échangé de souvenirs avec leurs proches. C'est le fait de les avoir comptés qui m'a conduit à écrire qui ils étaient et ce qu'ils représentaient pour moi.

Pour exprimer par écrit ces instants vécus ensemble, je n'ai fait que recréer les moments de l'amitié partagée pendant l'enfance ou ce qu'il en reste à l'âge adulte. Mes amis sont venus à moi, aussitôt évoqués ; nous avons partagé nos histoires récentes ou anciennes avec la même complicité, quel que soit notre âge. Car ils sont tous et toutes de ma jeunesse. Au moment où je prends l'instantané que je décris, c'est notre jeunesse qui éclate de rire.

L'incursion dans mon passé où je retrouve mes amis me fait ressentir la vanité d'un grand nombre de rencontres ou réunions. Je prends conscience que je n'ai gardé aucun souvenir qui vaille la peine de figurer ici, lorsqu'il s'agit de personnes insipides ou ennuyeuses. Même décédées, elles n'entrent pas dans le petit cercle des amis dont je garde un souvenir heureux après la séparation odieuse qu'est la mort. Si je ne m'en rendais pas compte de leur vivant, morts, ils me manquent et je voudrais leur parler et les écouter encore. J'ai pu leur paraître moins chaleureux que je le suis à présent ; je crois que c'est de la pudeur, sûrement pas de l'indifférence.

À propos de mon amitié pour un ami d'enfance, qui a duré jusqu'à l'âge du bac philo à Tunis… Cet ami avec qui je riais souvent quand il imitait l'accent anglais m'a dit franchement qu'il ne voulait plus avoir de relations avec moi. Une rupture que je méritais. Simplement parce que je ne lui avais jamais écrit quand j'étais à Nice, où j'avais passé mon premier bac. Il avait raison de m'exclure de ses proches et je ne sais pas pourquoi j'ai envoyé de nombreuses cartes ou lettres à mes autres copains restés à Tunis. J'ai trouvé une excuse non pas à mon silence à son égard, mais à son attitude à mon égard, c'est une sentence énoncée par Shakespeare : « Celui qui n'est plus ton ami ne l'a jamais été ». Je m'y accroche, mais je ne parviens pas à définir en quoi il n'était pas un vrai ami, si ce n'est qu'il aurait pu rechercher mon adresse à Nice.

Et puis, il y a les autres, pas devenus des amis, ceux que j'ai rencontrés au cours de mon activité professionnelle, qui font pour la plupart partie des administrateurs hospitaliers, en commençant par plusieurs directeurs d'hôpitaux et chefs de service. Je discerne à quel point j'aurais dû éviter de passer des heures à discuter de projets sans intérêt, dans la mesure où ils ne bénéficiaient pas aux malades. Je suis parti en retraite lorsque l'administration a commencé à gérer les malades et le personnel hospitalier comme on le ferait de l'activité d'une entreprise.

J'ai toujours essayé de m'entourer de collaborateurs qui, en accord avec mes objectifs, épargnaient la sensibilité des autres. Je n'y suis pas toujours arrivé, car chacun d'eux a une histoire qui met des bâtons dans les roues des relations complexes entre eux et avec les malades. En revanche, je leur ai fait part, quand je le pouvais, des comportements vexants ou de leurs paroles proférées sur un ton de reproche. Je les ai autant que possible tournées en dérision, pour en rire.

Et de moi, qu'est-ce qu'ils auront gardé en mémoire ? Un mot, un geste, une histoire à faire rire ?

Notes

Les migrations de ma famille

Tous les membres de notre famille sont nés et ont vécu leur jeunesse à Tunis. Les ancêtres des juifs d'Afrique du Nord se perdent dans la nuit des temps et sont sans doute des Berbères.

En 1950, mon père a entraîné sa famille à Nice où nous avons vécu une année. C'est là que je me suis lié d'amitié avec Martin S., et mes parents avec Capucine, qui a été une grande amie de la famille. L'année suivante, nous sommes retournés à Tunis. Les troubles sociaux qui précédaient l'indépendance ont poussé mon père à vendre tout ce qu'il possédait et à partir pour Paris. Le motif était, cette fois, que j'allais poursuivre les études de médecine à Paris et que la famille ne devait pas se séparer.

À Paris, mon père a tenu une boutique de linge léger pour hommes, boulevard de Sébastopol, puis il a exercé ses talents de chemisier sur mesure en bas de la rue de Washington, près des Champs-Élysées. J'ai vécu à la Cité Universitaire en même temps que chez mes parents.

À mon mariage avec Nicole, nous avons loué un appartement dans le XIIIe arrondissement, puis en avons acheté un, rue Chaptal, dans le IXe arrondissement.

En 1970, j'ai été nommé professeur à Reims. Nous avons déménagé pour y vivre jusqu'à présent.

Mes amis ont donc été de Tunis, de Nice et de Paris.

Les études de médecine (résumé)

L'externat n'est plus exercé après la nomination à un concours. Il est maintenant attribué à tous les étudiants en médecine pendant les 4e, 5e et 6e années du cursus. Leur formation pratique est ainsi assurée par leur participation à la gestion des patients hospitalisés ou en consultation, dans un service de médecine interne ou spécialisée. Beaucoup préparent le concours de l'internat. Une fois le concours réussi, l'étudiant accomplit son internat dans une faculté. Il choisit une spécialité dans l'hôpital d'une ville qui peut être différente de la sienne. Par ailleurs, pour que le titre de docteur en médecine lui soit attribué, l'étudiant – éventuellement externe ou interne – doit passer sa thèse. Il la présente devant un jury composé de ses professeurs.

L'acquisition d'une spécialité exige que l'interne ait accompli au moins trois stages d'un semestre dans le service spécialisé ou qu'il ait présenté l'examen correspondant à la spécialité choisie. Il faut douze ans à un étudiant pour devenir spécialiste.

Le chef de clinique est un poste universitaire exercé dans un service spécialisé. La dénomination est souvent confondue avec celle de directeur d'une clinique privée. Je ne vais pas décrire toutes les manières ou paroles médicales qu'on voit dans les films et qui sont fausses. Je ne prendrai qu'un exemple : l'injection intraveineuse dans le bras qui se fait comme une intramusculaire dans le biceps.

Causes de la mort
de mes vingt-trois amis

Maladie vasculaire et cardiaque : 9

Suicide : 1

Cancers : 7

Affection broncho-pulmonaire : 1

Maladie hématologique : 1

Affections inconnues : 3

Lithiase biliaire opérée : 1

À propos de l'auteur

Paul Zeitoun a vécu ses vingt premières années à Tunis, sauf celle du premier bac à Nice, puis il s'est engagé à Paris dans des études de médecine. Interne des hôpitaux, il y a gravi les échelons jusqu'à être nommé professeur et chef de service à Reims, où il s'est établi.

Après la fin de son activité, il a publié six romans (*La tête, le ventre et le médecin*, *Passé englouti*, *La nuit du jazz*, *Les hommes en grippe*, *C'était hier à Tunis*, *Pourquoi virer le comptable*), et trois ouvrages didactiques grand public (*Mal de ventre*, *Comment on se pourrit la vie*, *Guide de l'apprenti romancier*).

Dans le présent ouvrage, il évoque sous forme d'anecdotes les souvenirs laissés par ses amis décédés.

Made in United States
North Haven, CT
13 March 2023

33992100R00072